JN273455

ルーマン理論に魅せられて

春日淳一著

文眞堂

はしがき

　本書は，ドイツの社会理論家ニクラス・ルーマン（Niklas Luhmann, 1927-1998）の著作と出会い，以後30年にわたって彼の壮大かつ独創的な理論の魅力にとりつかれ続けてきた一学徒の「研究随筆集」である。「随筆集」とことわったのは，この小冊子ではルーマン理論の全体像の提示・解説はもとより，系統立った部分領域の探究もなされてはおらず，へりくだって言えば，たんにルーマン理論をめぐる自由気ままな思考の跡をしるしたにすぎないからである。もう少し体裁をつけるなら，ルーマンの柔軟な発想に触発されてそのつど興味をもったテーマをそのつ
・・・・・・
ど真剣にかつ楽しみながら追った軌跡である。

　とはいえ，公刊するにあたってまったく期待をいだかなかったわけではない。筆者の印象では，ルーマン理論と聞くと早々に逃げ出すか体面上知っているふりをするか，この二様の反応が他の論者のばあいと比べて目立つようである。どちらの反応を示すにせよ，せっかくの理論は生かされず宙に浮かんだままである。しかし，ルーマンの名につきまとう「雲の上の理論」という先入見が取り除かれ，理論の魅力にじかにふれることができれば，こうした状況は多少とも改善されるだろう。本書の各章がルーマン理論のおもしろさや魅力を伝える例示として読まれること。これが，身の丈もかえりみず高峰〈ルーマン岳〉をめざした筆者の淡い願望である。

以下，内容のあらましを示しておこう。**序章**においてまず，本書を読むうえで最小限必要な基礎概念をごく簡潔に説明したあと，**第1章**では，比較的読みやすいルーマンの初期の著作『手続を通しての正統化』(1969) を主要素材として，彼の思考法の特徴と理論の潜在能力(ポテンシャル)を示唆する。〈ルーマン岳〉に登るには，複雑化した概念装置が障壁となって立ちはだかる後期著作側からではなく，初期著作側それも良い邦訳のある初期著作側からはいるのがひとつの推奨ルートといえよう。

続く**第2章**では，ルーマンの思考法の特徴が典型的に現われた例として「ダブル・コンティンジェンシー」という概念をとりあげる。自分がどう出るかは相手の出方次第であり，相手から見ても同様であるとき，ダブル・コンティンジェントな状況にあるといわれる。コンティンジェンシー（contingency：不確定性）は事態をむずかしくする厄介者のようであり，除去すべきものと考えられがちである。しかしそうした視点からダブル・コンティンジェンシーの問題をとらえたタルコット・パーソンズ（Talcott Parsons, 1902-1979）は，満足な解答に達しえなかった。一方ルーマンは，ダブル・コンティンジェンシーがあるからこそ相互行為や社会システムが生まれるのだと見る。この魅力的な発想転換を，彼のいう「コンティンジェンシー概念の拡張」を手がかりにして読み解き，筆者なりにくだいて説明するのが本章の主旨である。コンティンジェントなものは必然的でもなければ不可能でもないものである。その「不可能でない」に賭ける人間がいるかぎり，社会システムは生成する。これが得られる結論である。

パーソンズとの対比でルーマン理論が筆者をとらえたもうひとつのポイントは，事象・時間・社会という3次元構成である。よ

く知られているように,パーソンズは AGIL 図式と呼ばれる 4 次元図式を徹底的に利用してみずからの理論を展開していった。筆者もこの図式に熱中した一時期があったが,やがてルーマンの 3 次元構成のほうに引きつけられていった。**第 3 章**はこの 4 次元から 3 次元への「転向」のいきさつを述べるとともに,3 次元図式の魅力を伝えようとするものである。

　第 2 章と第 3 章では社会システムの要̇素̇としてのコミュニケーションが視野の中心にあったのに対して,第 4 章と第 5 章ではコミュニケーションの総̇体̇としての社会システムが前景に出てくる。**第 4 章**のテーマはシステムの環境に対する閉鎖性と開放性であり,この両面のそれぞれをとらえたルーマンの基本概念「自己準拠」および「構造的連結」について,経済システムと他の機能システムのあいだの関係に焦点を合わせて考察する。はじめに自己準拠の 3 形式ないし 3 レベルを提示し,ついで経済システムの自律性を自己準拠性として明確に規定したのち,構造的連結という視点から自己準拠的に閉じた経済システムの環境への開放性がいかにして確保されるのかを検討する。一方**第 5 章**では,ルーマンの「情報」概念の背景に〈出来事→イリテーション→情報〉という階梯区分があることを指摘したうえで,この階梯に沿って経済システムの固有情報である「価格」の現況を確認ないし診断する。その結果,価格はいま過重負担および自己準拠化という二種類の症状を呈していると判定される。

　最初にことわったように全体を通して筋というほどのものはないが,大まかには第 1 章はイントロダクション,第 2 章・第 3 章は社会システムのミクロ分析,第 4 章・第 5 章はマクロ分析と性格づけることができるだろう。

目　　次

はしがき

序　章　基礎概念 …………………………………………1

第1章　ルーマン理論のおもしろさ………………………6

1-1　初期著作からのスタート ………………………6
1-2　『手続を通しての正統化』の要点………………7
　1-2-1　内容のエッセンス ………………………7
　1-2-2　プロテスト吸収メカニズムとしての手続 …………9
1-3　手続を通しての正統化の実例 …………………13
1-4　ルーマン理論のおもしろさ ……………………17
　1-4-1　不確実性・コンティンジェンシー・複雑性 ………17
　1-4-2　システム信頼 ………………………………19

第2章　ダブル・コンティンジェンシーについて …………24

2-1　問題の所在 ……………………………………24
2-2　ダブル・コンティンジェンシーとはどんな状況なのか……25
2-3　パーソンズの問題処理とそれに対する批判 ……………27
2-4　ルーマンの問題突破(ブレイクスルー) ………………29
　2-4-1　コンティンジェンシー概念の拡張 …………29
　2-4-2　コンティンジェンシーとダブル・コンティンジェンシーの区別 ………………32

2-4-3　ブラック・ボックスゆえに成り立つシステム ……34
　　2-4-4　最後の一歩？ ……36
　2-5　小松丈晃氏の「ダブル・コンティンジェンシーの
　　　　論理」(1996)へのコメント ……39
　2-6　結論 ……41

第3章　パーソンズからルーマンへ
　　　　—4次元図式と3次元図式— ……44

　3-1　4次元から3次元への「転向」……44
　3-2　1次元図式は2次元図式 ……47
　3-3　2次元図式から4次元・16次元図式へ ……52
　　3-3-1　社会のマクロ図式 ……52
　　3-3-2　社会のミクロ図式 ……54
　　　a）パーソンズ ……54
　　　b）ルーマン ……59
　3-4　3次元図式の魅力 ……62
　　3-4-1　4から3へ ……62
　　3-4-2　2×2＝3？ ……64
　　3-4-3　ルーマンの3次元図式 ……66
　　3-4-4　3次元図式のおもしろさ
　　　　　—棄却値動因説の提示— ……70

第4章　経済システムにおける自己準拠と構造的連結 ……75

　4-1　システムの閉鎖性と開放性 ……75
　4-2　自己準拠の三つの形式 ……76
　4-3　経済システムにおける自己準拠 ……79

4-3-1　基底的自己準拠 …………………………………79
　　4-3-2　過程的自己準拠（再帰性）…………………………80
　　4-3-3　再帰 …………………………………………………84
　　4-3-4　反省理論 ……………………………………………87
　4-4　経済システムの構造的連結 …………………………………90
　　4-4-1　構造的連結 …………………………………………91
　　4-4-2　機能システム間の構造的連結 ……………………93
　　4-4-3　残された課題 ………………………………………97

第5章　経済システムと情報 ……………………………………100

　5-1　分析手法としての「システム／環境」差異の設定 ……100
　5-2　経済システムの固有情報としての「価格」……………102
　5-3　ルーマンの情報概念 …………………………………104
　　5-3-1　環境の出来事からシステムのイリテーションへ …105
　　5-3-2　イリテーションから情報へ ………………………107
　5-4　現代市場経済のシステム論的観察 …………………109
　　5-4-1　出来事の氾濫とその処理
　　　　　　―機能分化の逆説― …………………………109
　　5-4-2　価格情報の「保証人」としての信頼
　　　　　　―その滅失・不在― ………………………………112
　　5-4-3　価格情報の自己準拠化 …………………………115

あとがき ……………………………………………………………119

参考文献 ……………………………………………………………121

索　引 ………………………………………………………………125

序章

基礎概念

　ルーマンの著作を読むとき，彼の用いる独特の概念に行く手を阻まれるばあいが少なくない．ドイツでは用語集のたぐいがいくつか出版されており，『ルーマン辞典(レキシコン)』も版を重ねているが（[4]，[24]），邦訳はまだ出ておらず，わが国の著者による用語集も書かれていない．ここでは以下の各章を読むうえで必要となる最小限の基礎概念を，「システム」という語に関連づけて要約的に説明しておこう．

　[1] **社会システム**：まずは『社会システム理論』の冒頭に出てくる下図（Luhmann [35] 訳 2 頁）からスタートしよう．世の中には「システム」と呼ばれるものが多数あるが，ルーマンは機械，有機体（生命），社会システム，心理システムの 4 種にまとめている．この分類に従えば，**人間**は「有機体（生命）と心理システムの複合体であり，さまざまな社会システムに参加し，種々の機械を操作する存在」と位置づけられる．注意すべきは人間と社会システムの関係で，「社会は人間の集まりである」あるいは「社会の構成要素は人間である」といった素朴なイメージはさしあたり捨てたほうがよい．人間は互いにコミュニケーションすることを通じて社会システムに参加するのであって，それ自体が社会システムの構成要素なのではない．社会システムの構成要素は

コミュニケーションである。これが出発点となる。そのうえで，ありとあらゆるコミュニケーションをすべて取り込んだ社会システムが**全体社会**(ゲゼルシャフト)と呼ばれる。当然ながら，全体社会の外側(＝環境)にはコミュニケーションは存在しない。図の最下段で全体社会の横に並んでいる相互行為(相互作用)と組織は，コミュニケーションの範囲が限定された社会システムである。企業・官庁・学校など身近な実例をもつ「組織」は，本書では表立った考察対象とはしない。「相互行為」は第2章に登場するが，さしあたり他者との一対一のやりとりをイメージすればよいだろう。

```
                    システム
        ┌───────┬─────┴──┬──────────┐
      機械    有機体   社会システム      心理システム
               ┌────────┼────────┐
            相互行為    組織      全体社会
```

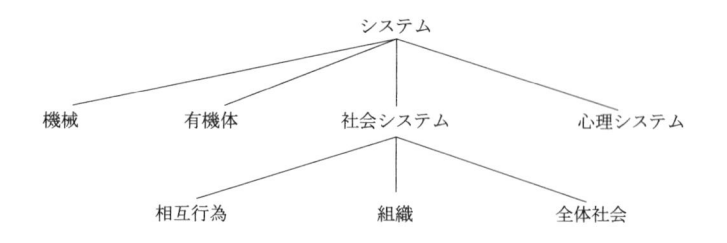

［２］**オートポイエティック・システム**：社会システムの構成要素をコミュニケーションととらえることによって，社会システムが備えるオートポイエシス (autopoiesis) という特性が浮かびあがる。システムが自己の要素をみずから再生産し，そのことを通じて自己を維持し続けるとき，このシステムはオートポイエティック・システムと呼ばれるが，社会システムはまさにこのケースにあてはまる。社会システムのばあい，たとえば対話・討論・会議などにおいてAの発言を受けてBが発言し，さらにそれを受けてAまたはCが発言し…といったぐあいに，コミュニケーションがコミュニケーションを連鎖的に再生産していくから

である。それゆえ，社会システムはみずからの要素であるコミュ・・・・・・・・・・・ニケーションがつぎつぎにあらたなコミュニケーションを生み出・・・・・・・・すオートポイエティック・システムである。対話や討論がいつかは終わるように，全体社会の部分部分を見ればどこかでコミュニケーションが断ち切られて，なんらかの社会システムが消滅するという事態はしょっちゅう起こっている。しかし，世の中のあらゆるコミュニケーションがいっせいに途絶えることはありそうもないから，全体社会そのもの(ゲゼルシャフト)の消滅は度外視してよいであろう。

［3］**機能的サブシステム**：全体社会はあらゆるコミュニケーションを含んでおり，そこではコミュニケーションの仲立ちをするさまざまなメディア（**コミュニケーション・メディア**）が用いられる。言語（ことば）が基本的なメディアであることは容易に分かるが，それ以外にコミュニケーションをより確実なものにすべく別種のメディアが併用される。言語を補完する別種メディアの代表は貨幣である。貨幣は目で見てさわれる形態をとっているため（最近は電子マネーのような不可視の形態が台頭してきてはいるが），直観的に最も理解しやすい。貨幣というメディアのおかげで，コミュニケーションの一領域である財の取引が円滑化することは明らかである。貨幣に比べると可視性は乏しくなるが，権力・真理・愛といったものも補完メディアの例であり，これらメディアの存在は個々のコミュニケーションの場面で確かめられる。たとえば，パトカーに停止を命じられて従うばあい（権力），彼女の私に対するふるまいにたんなる善意を超えたものを感じるばあい（愛），などがそれである。

　こうした補完メディア（ルーマンの用語では〈象徴的に一般化

したコミュニケーション・メディア〉）が発達するにつれて，全体社会から特定の一補完メディアだけを用いるコミュニケーション領域が分化してくる。言語のほかにはもっぱら貨幣だけを用いるとか，権力だけを用いるといった領域である。この分化したコミュニケーション領域は全体社会の**機能的サブシステム**と呼ばれ，貨幣だけを用いるサブシステムには経済システム，権力だけを用いるそれには政治システム等々，機能を表わす固有の名称が与えられる。現代は全体社会からさまざまな機能的サブシステムが分化した**機能的分化**の時代として特徴づけられるというのがルーマンの主張である。先の図に書き加えるなら，右下の「全体社会」の下に「経済」，「政治」，「法」，「学術」，「教育」，「芸術」，「宗教」，「家族」などもろもろの機能的サブシステムが並ぶわけである。

［4］**経済システム**：上述のように経済システムは全体社会の機能的サブシステムのひとつであり，そこでは（全体社会の共通メディアである言語を別とすれば）もっぱら貨幣が用いられる。貨幣を用いるコミュニケーションは通常「取引」と呼ばれるが，ルーマンは取引の対象や取引の動機，あるいは取引のさいに欠かせない言語メディア（ことば），といったものをさしあたり脇に置いて，システム固有のコミュニケーション・メディアである貨幣の動きすなわち「支払い」に注意を集中する。「支払い」は枝葉を切り払ったいわば経済システムのミニマム・エッセンスである。支払いという「基底的作動」（ないし「基底的出来事」）において，経済システムはみずからのオートポイエシスをくっきりと浮かびあがらせる。なぜなら，支払われ受け取られた貨幣は早晩

また支払われざるをえないので，言いかえると貨幣はたえず取引を媒介すべく運命づけられているので，支払い→受け取り→支払い→受け取り→…という連鎖は途切れることなく続くからである。貨幣は社会的な信認を得ているかぎり，経済システムの基底的コミュニケーションである支払いを再生産し続け，システムのオートポイエシスの「保証人」となるのである（逆に，オートポイエシスの保証人となることが貨幣の信認の前提である：[19] 10-12 頁参照）。

第1章
ルーマン理論のおもしろさ

1-1 初期著作からのスタート

　ふり返ってみれば筆者の研究生活は，大学院生の時期を除けばずっとルーマン理論とともにあった。学生時代にさる教官が当時学界の大御所だった人物を「シュンペーターで飯を食った男」と嘲弄するのを聞いたことがあるが，筆者などまさしく「ルーマンで飯を食わせていただいた男」ということになる。筆者にとってルーマン理論はたんに飯の種になっただけでなく，たえず学問的情熱をかきたてる強力な磁場であり続けた。その理論と出会って以来，研究上のスランプはほぼ出番を失ってしまった。どこにそんな魅力があるのかをひとに説明するのは容易ではないが，ルーマン理論のおもしろさのほんの一端を例示することから始めてみよう。

　素材としてとりあげるのは 1969 年に初版が出た *Legitimation durch Verfahren*（[34]）で，今井弘道氏の邦訳『手続を通しての正統化』もある。以下ではまず必要な範囲で同書のエッセンスを箇条書きで紹介し注釈を加えたのち（1-2 節），その主張を裏づける事例を提示する（1-3 節）。次いで同書の議論からも読み取れるルーマン独特の発想法にふれ，彼が人びとに見えないものを見る（Er sieht, was man nicht sehen kann.）たぐいまれ

な感覚を備えていたことを確認したい（1-4 節）。世に聞こえた難解さゆえにとかく敬遠されがちなルーマン理論が，じつはごく身近に起こっている日常的な事柄の正体を見きわめる「澄んだ目」をわれわれに与えてくれるものであることを多少とも示唆できれば幸いである。

1-2 『手続を通しての正統化』の要点

1-2-1 内容のエッセンス

(1) この書物でルーマンは，政治的選挙，立法，行政の決定過程，裁判手続の四つの手続をとりあげる。彼によれば「手続」はいわば「短命な社会システム」という性質を有する。「手続とは，…ある特定の機能，即ち一回限りの拘束的な決定を形成する機能を充たし，それゆえ最初から制限された持続性しかもたない社会システムなのである」（訳 32 頁）。この手続という社会システムの機能のひとつ（唯一の機能でも，最重要な機能でもないが）が正統化であり，「正統化」とは「決定が拘束力をもつものとして承認されること」と定義される（訳 22 頁）。ちなみに，いわゆるオートポイエティック・ターンを経たあとの後期ルーマン（80 年代半ば以降）の社会システムの定義に従えば，手続という社会システムもオートポイエシスを示すはずであるが，本書ではその点は明確になっていない。ただ，一部にそれらしい記述はある（訳 67 頁あたり：次項(2)の引用下線部参照）。

(2) 裁判手続のばあい，「手続の機能は不満を特定化すること，プロテストを分散化させ吸収することにある。手続の原動力はしかし結果が不確実だという点にある。この不確実性こそ，手続の

駆動力であり，本来的な正統化のファクターなのである」（訳 120 頁）。そもそも「唯一正しい決定〔真理〕が存在し，それが発見可能である限り，手続はイレレヴァントとなる。決定の正しさは，それをいかにもたらすか〔つまり手続〕には依存しないからである。手続が社会システムとして展開の余地をもちうるのは，法と真理の問題に不確実性（Ungewißheit）が存在するからであり，そしてこの不確実性がかなりのものである限りにおいてである。手続〔システム〕の完全分化はかかる不確実性の吸収のプロセスに関わっているのであって，<u>手続とは，このプロセスが外的な基準ではなく手続に内在する基準によって制御されるということを意味しているのである</u>」（訳 67 頁：〔 〕内および下線は引用者の付加）。

(3) 今日の選挙における平等（平等な投票権，一票の重みの平等）は，ついそう思いたくなるとはいえ，「〈自然〉の実在的な事態（すべての人間は平等である）の表現でもないし，課せられ，実現されるべき価値（すべての人間は平等に扱われるべきである）の表現でもない。それは無関心の原理および根拠の特定化の原理である。即ち，すべての差異は，機能的に特定化された連関において有意味なものとして根拠づけられうるもの以外は無視してよいし，無視するべきだという原理である」（訳 200 頁）。

(4) 貨幣ないし価格メカニズムが，もろもろの複雑な事情を超えて，すなわち取引に直面した売り手や買い手の個別的な状況（欲求，環境条件，経験など）を貨幣額（＝価格）という単一次元に縮減して，取引にかんする意思決定に持ち込むのとパラレルな関係として，票ないし選挙手続は有権者のもろもろの心情・状況・経験等の複雑性を反映しつつ縮減して，〇〇への一票，ない

し白票または棄権というきわめて限定された選択肢からの選択へと持ち込むのである（訳 208-209 頁の内容敷衍）。「政治的選挙は，構造を危険に陥れることなしに不満を表現する機会を…提供する。それは，その限りで，プロテストを吸収するメカニズムの一つであり，裁判手続もこのような機能を充たすものであるから，この点で同様のメカニズムだということができる」（訳 211 頁）。

(5) 〔上記(4)と関連して〕「政治的選挙という手続は，その公式上の意味からすれば，立法や行政における政治システムの一定のポストに人間を配置することに仕える〔道具的機能〕。しかし…それは潜在的には表現的行為という機能を獲得するのである。即ち人間〔候補者など〕やプログラムに関わる政治的同意あるいは拒否を表現するという機能である〔表現的機能〕」（訳 294-295 頁：〔 〕内は引用者の付加）。政治的選挙に限らず，手続は一般に道具的機能（＝合理的決定発見）と表現的機能（＝当面の感情充足）という二つの機能をになっているといえよう。

　以上 5 点は本書の内容のあらすじではなく，ルーマンの特徴が顕著に読み取れるいわばさ・わ・り・を示したものであるが，それらを通して筆者が最もひきつけられたのは，手続を不確実性に依拠した「プロテスト吸収メカニズム」ととらえる視点である。以下この点に絞り込んで解説ないし注釈をこころみたい。そのさい格好の類比対象となるのは市場メカニズム（価格機構）である。

1-2-2　プロテスト吸収メカニズムとしての手続
　経済の領域では，財の稀少性を貨幣の稀少性に写し取ること

（稀少性の二重化＝価格づけ）によって，財の暴力的争奪が回避され人びとの目は貨幣の平和的獲得に向けられるようになる。貨幣は一時点のストックとしてはなるほど総量が限られており稀少だが，つぎつぎに支払われていくがゆえにフローとしての量は無限であり，あえて暴力的に奪う必要はないからである。貨幣のこの特性を背景にして，貨幣を支払った者に財が引き渡されることを第三者は甘受する（Luhmann [37] 訳 194-195, 56, 253-254 頁；春日 [16] 114-117 頁）。同じ事実が経済学では価格機構の利点としてたとえば次のように描かれる。すなわち，市場均衡価格を支払う者に稀少な財を配分するやり方は，① 選抜機能を単純明快に果たすとともに，② 取引機会の公平性を保証し（当事者の支払い意思以外の属性の無視），かつ ③ 効率的な資源配分（パレート最適性）を実現する（林 [12] 72-73 頁）。いずれにせよ，貨幣メディアを用いる価格機構は「プロテスト吸収メカニズム」になっているといえるだろう。上記 (5) に「手続は一般に道具的機能（＝合理的決定発見）と表現的機能（＝当面の感情充足）という二つの機能をになっている」とあるが，価格機構を通じた財の調達（という手続）はこの二重機能を典型的に示している。ここで肝心なのは，こうした手続が問題（いまのばあい稀少性の問題）を根本的に解決するものではなく，たんに当事者の目に見えにくくするいわば煙幕の役を果たすにすぎないという点である（「手続＝煙幕」説？）。多くの人が価格機構を通じた財の配分に表立って不満をもらさないとしても，（相続を含む）財の初期配分や貨幣入手の正当性（「財産は盗み」か？）など火種はくすぶっており，時とばあいによっては燃えあがるおそれもある。かつての米騒動や近時外国に例を見る大災害時の略奪行為を想起されたい。

話を選挙や裁判に転じても，基本的な筋書きは変わらない。稀少財の配分のばあい，唯一正しい配分方法などというものがあるのかないのか，あったとしてどんなものか分からない (ungewiß) からこそ，人びとは価格機構を通じた配分に一応納得するのであるが，同様に唯一正しい判決などというものがあるのかないのか，あったとしてどんな判決か分からないからこそ，また選挙結果があらかじめ分からないからこそ，多くの人はたとえ渋々であろうとも判決や選挙結果を受け入れるのである。上記(2)に「手続の原動力は結果が不確実だという点にある」とあったのは，このことを指している。手続という社会システムはまさに不確実性 (Ungewißheit) を糧にして成り立っているシステムなのである。

選挙や裁判のばあい，不満やプロテストが広範囲の人びとによって日常的に表明されるという点で，価格機構による配分とは様子が異なっている。価格機構に向けられる不満や抗議は，それを表明する人の範囲 (社会的次元)，対象となる財 (事象次元)，表明される時期 (時間次元) のいずれにおいても今日では限定的となっているのに対し，選挙制度や裁判制度はたえず変更圧力のもとにあり，じっさい変更されることも珍しくない。たとえば上記(3)におけるルーマンの小気味よい解釈にもかかわらず，選挙における平等 (平等な投票権，一票の重みの平等) はプロテストにさらされている。「市民たちが各自の政治的確信や意見を持つ際の強度には大幅な差があるが，『一人一票』はそれを記録することを許さない」(Hirschman [14] 訳 121-122 頁) からである[1]。選挙における一人一票は，いかなる熱烈な一票でも最も冷めた一票と同じ扱いを受けるという意味で，おそらく投票者と候補者の双方に欲求不満をもたらすであろう。これと対照的なのが価格機構

による財配分である。すなわち，価格機構では買い手は誰もが均衡価格で買うことができ，売り手は誰もが均衡価格で売ることができる（一物一価）がゆえに，双方に余剰が発生し，しかも競争均衡では余剰の総計（＝社会的余剰）が最大化される。一物一価のおかげで「最も冷めた」買い手を除いたすべての買い手が，当該財に寄せる各自の熱意に応じた余剰を手にすることができるのである（[14] 訳 125-126 頁）。

裁判のケースでも価格機構との違いは歴然としている。価格機構は満足をもたらす財の配分メカニズムであるのに対して，裁判は不満の配分メカニズムであるから，判決がどう転んでもプロテストの源泉はなくならないのである。「不満の配分メカニズム」とは，ルーマンが裁判手続の機能として「不満の特定化およびプロテストの分散化と吸収」をあげたこと（1-2-1 項(2)参照）に示唆された筆者の命名であるが，ルーマン自身は個別・具体的ケースに即した例証を意識的に省いているので（[34] 訳 64-65 頁），ここでは裁判による不満配分の分かりやすい例をあげておこう。

所有地の境界線をめぐって A，B 二人が対立し A が B を訴えたというケースを考え，次のような条件をおく（② と ③ は話を簡単にするための仮定で，外しても話の本筋は変わらない）。

① A，B 双方が自己に有利な状況証拠をもってはいるが，真の境界線はもはや知ることができない（不確実性の存在）
② B は現状の境界線に不満を抱いていない
③ 金銭による和解はしない

このとき判決は現状維持から A の主張の全面的受け入れまでのいずれかのところで下されるはずであり，結果的に境界線そのものにかんする不満は，「A のみが抱く」か「A，B に分散化す

る」か「Bのみが抱く」かのいずれかとなる。ただし，現状維持の判決でも裁判手続を通したことでAの不満は幾分和らぐかもしれないし，逆に判決に腹を立てて不満がいっそう募るかもしれない。それゆえ訴訟前と判決後の不満の量的比較は困難であり，いわんやBの不満の大きさをAのそれと比べたり，足し合わせたりといった操作はほぼ不可能といえよう。手続のプロテスト吸収機能とは，プロテストが暴力沙汰に立ち至らないよう力をみずから（たとえば裁判手続）へ向けてそらすはたらきを指しており，プロテストの圧力自体を減らすという意味に限定するのは適切ではない。「吸収」（Absorption）はばあいによっては（たとえば手続としての価格機構のように）「緩和」（Abmilderung）や「除去」（Abnahme）をともなうかもしれないが，それは幸運なケースと見るべきであろう。

近年，市場競争の「勝ち組」・「負け組」という表現が目につくようになったとはいえ，個々の売買に勝ち負けがつけられるわけではない。これに対して選挙と裁判には勝ち負けがつきものである。この違いはプロテスト圧力の差を生み出さざるをえない。もし財配分が腕力やくじ引きで決まるのなら，そこにはやはり勝ち負けが生じる。こうしてみると，財の稀少性を貨幣の稀少性に写し取るという価格機構の手法は，プロテスト吸収能力において卓越した手続であることが分かる。

1-3　手続を通しての正統化の実例

価格機構を手続の一種しかも卓越した手続と見るのは筆者独自の着眼であり，ルーマンがそのように見ているわけではない。価

格機構はいわば手続の理想的ケースであって，他のもろもろの手続，すなわちルーマンがとりあげた政治的選挙，立法，行政の決定過程，裁判手続等々は，この理想的ケースから道具的機能・表現的機能のそれぞれにおいてさまざまな程度に隔たっているケースとして描きうるのではないかと推測されるが，この点の追究は本章の主旨からはずれるので，本来の筋に戻って先に（1-2-1 項）示したルーマンの主張を裏づける好例を紹介しよう。

　最初にとりあげるのは，松原隆一郎氏の警世の書『失われた景観』（2002）の中で紹介されている神奈川県真鶴町の条例である（[44] 第三章）。同町では 1980 年代末ごろからマンション・ホテルなどの新築がふえ，景観を損ねる事例が目立つようになった。これに対処すべく制定されたのが「まちづくり条例」（1993 年公布）であり，そこには通例の土地利用規制規準に加えて「美の原則」というユニークな項目が含まれている。「〈美の原則〉は，従来の形態規制が高さや色・形など量的に測定しうる性質のみを指定していたのに対し，景観の〈美〉という質的な性質にもかかわらせようとする点に著しい特徴がある」（[44] 110 頁）。しかし，定評ある歴史的景観や自然景観とは異なり，身近な生活圏の日常景観については美・醜の判断が人によって分かれがちである。条例が依拠するのは，「住環境にかんして既存住民に共有される暗黙の了解ないしルール」といったいささかあいまいな基準であり，これを開発業者や新規流入町民に「拘束力をもつものとして承認させる」ために組み込まれたのが，ほかならぬ「デュープロセス」であった。つまり，確固たる客観的基準がない（Ungewißheit！）なかで，あいまいな基準（ungewiße Kriterien）を手続（＝デュープロセス）によって正統化したのである。

手続のこまかい中味はさしあたり問題ではないので，必要ならば松原氏の本を見ていただくとして（[44] 115 頁），重要なのは「行政指導」のような公開性の乏しい規制手法に代えて何段階もの明確な手続を定めていることである。国の定めた都市計画法や建築基準法にもとづく申請は建設行為を合法化するには不可欠であるから，ここで正統化が問われるのはその申請以前に自治体が独自に建設行為の是非を判断し，非のばあいに実力行使にでることである。国法上の許可を得た合法の建設行為を実力行使によって中止に追い込むといういわば最悪のケースでは，手続の段階は少なく数えても住民説明会・事前協議・公聴会・町議会の 4 段階ある。最終段階である町議会の「議決の結果は，法的な拘束力を有するものではない。…しかし議決に反して工事がはじめられたならば，町長は〈上水道の供給〉を行わないことがありうる。水道法では原則として町は水を供給しなければならないことになっており，拒否するのに〈正当な理由〉がなければならない，とされている。ここまでの〈手続き〉がその正当性を満たす，とみなすわけである」（[44] 141 頁）。忘れてはいけないのだが，上水道の供給拒否はあくまでも「美の原則」を守るための（非常）手段である。それゆえ，上記手続は「供給拒否を正当化するための手続」と狭く解釈されてはならず，「〈美の原則〉を正統化するための手続」と解されるべきである。

　こうしてともかくも正統化された「美の原則」であるが，住民の無関心，開発業者のプロテスト，町財政を含む経済の論理といった障碍要因によってゆさぶられ，その前途はけわしいもののようである（[44] 150-159 頁）。この状況は，景観に対する人びとの感覚ないし意識がいまだ「美の原則」を十分正統化しきれな

いレベルにあることの反映かもしれないし,「美の原則」あるいは「美の基準」が手続を通して正統化できる限界を超えたあいまいさ (Ungewißheit) を含んでいるがゆえに生じたものかもしれない。実際には人びとの景観感覚（景観意識）が高まるにつれて「美の基準」の含むあいまいさもある程度解消していくと考えられるので，松原氏が著作を通じておこなったような啓蒙活動は正統化の推進や正統性の定着に寄与しうるものといえよう。

真鶴町のケースは，行政の決定過程にかかわる「手続を通しての正統化」の典型的な事例であったが，もうひとつやや手の込んだケースをあげておこう。それは 2005 年 11 月に実施された大阪市長選挙である。そもそもこの選挙は，前市長の関氏がみずからのまとめた市政改革案とりわけ財政再建策への市民の支持を確認すべく任期途中で辞任して再立候補するというかたちで唐突におこなわれた。この経緯から選挙は二重の正統化機能を負わされることになった。すなわち，市民ないし有権者に対しては当選者（＝関氏）が市政の舵取り役としての市長の座につくことを正統化し，市議会や市職員に対しては関氏の市政改革案を正統化する機能である。

ここで手続がになう二つの機能,「道具的機能」と「表現的機能」を思い出そう（1-2-1 項(5)参照）。選挙のばあい「道具的機能」とは「政治システムの一定のポストに人間を配置することに仕える」（[34] 訳 294 頁）はたらきであったから，当該市長選挙が道具的機能を果たしたことは明らかである。一方,「表現的機能」とは「人間やプログラムに関わる政治的同意あるいは拒否を表現する機能」（[34] 訳 295 頁）であり，この機能を果たすことによって選挙はプロテストを吸収するのである。しかし，選挙実

施が急に決まったため対立候補は準備不足であり，大多数の有権者は「市政改革案」の内容をみずからの利害に直接かかわるものとして詳細に検討していたわけでもないので，当該選挙が有権者にとって顕著な表現的機能を果たしえたとは言いがたい。低い投票率（約34%）が示唆するように，一般市民のレベルでは，プロテストのポテンシャルが高まっていないところでプロテストの受け皿が整わぬまま選挙がおこなわれたというのが実態であろう。これに対して改革案がただちに自己の利害にひびいてくる市職員やその組合にとっては，選挙前にプロテストのポテンシャルは相当高くなっていたはずである。職員厚遇問題では市民の批判の声が主にマスメディアを通して伝えられてはいたが，それだけでは批判はいまだ正統化されていない（＝拘束力をもつものとして承認されていない）と抗弁することもできた。ところが関氏が再選されたことで批判（したがってまた市政改革案）は正統化されてしまったのである。もはや改革への表立ったプロテストは控えざるをえないだろう。この面で選挙（という手続）はプロテスト吸収機能を首尾よく果たしたといってよい。ちなみに，行政の決定過程で生じるプロテストを選挙によって吸収するという本件のような手法は，ルーマンの視界にははいっていなかったと思われる。郵政改革をめぐる国政選挙の例もあり，この手法の原産地はもしかすると日本かもしれない（？）。

1-4　ルーマン理論のおもしろさ

1-4-1　不確実性・コンティンジェンシー・複雑性
『手続を通しての正統化』を読んで筆者が最もおもしろいと

思ったのは，先にも述べたように手続を不確実性に依拠した「プロテスト吸収メカニズム」ととらえている点である。ややもすると，不確実である（ungewiß）よりは確実である（gewiß）ほうが良いにきまっているから不確実性は除去されるべき厄介者だと考えられがちである。そうした固定観念から目を覚まさせてくれるのがルーマン理論なのである。すなわち，不確実性があるからこそ世の中が成り立っているという面もあるのだと。同様な例としてコンティンジェンシー（Kontingenz）という概念がある。偶発性，不確定性，条件依存性などと訳されることが多く，これまた確定しないあやふやな状況を想起させ，できれば取り除きたくなるのだが，ルーマンの用語法に従うと「待った」がかかる。「ことがらが現にある…あり方は，そのようにあることが可能であるのみならず，またそれとは別様にあることも可能なのであり，…コンティンジェンシーの概念は…この現に存している世界というリアリティからみて，別様にありうるものを言い表している」（[35]訳163頁）。こう言われてみると，コンティンジェンシーはむしろ世界を（広い意味で）豊かにする源泉ではないかと思えてくる。逆にコンティンジェンシーのない世界は，生きる意味を失わせるようなつまらない世界かもしれない。じっさい，ルーマンの議論を読み解いていくと，コンティンジェンシーは社会システムの生成にかかわる原動力とさえ言いうることが明らかになる。このいかにもルーマンらしい発想については，ダブル・コンティンジェンシー問題として次章でくわしく論じることにしたい。

　複雑性（Komplexität）もルーマンのメガネで見ると社会システムの作動を継続させるいわば燃料の役を果たすものとなる。社

会システムの参加システム（経済システムのばあいであれば生産者や消費者がそれに当たる）にとっては複雑性は選択に負荷をかける厄介者であるが，社会システムそのものは複雑性の把握と縮減を任務とするシステムであるから（Luhmann [28] S.116），複雑性が消滅すれば無用になる。つまり社会システムは複雑性を糧にして生き延びるシステムなのである（春日 [19] 37-39 頁参照）。一般になんらかの問題に対処すべく生まれた組織や制度が，当の問題が解決されれば用済みとなるのは当然であり，これは社会システムにも当てはまる。したがってルーマンはごくあたりまえのことを述べているのだが，その都度どのシステムが問題になっているのかという「システム・レファランス」を区別しない（たとえば社会システムとその参加システムの区別をしない）杜撰な議論に慣れてしまった人びとには意表をつく見解と映るだろう。

1-4-2 システム信頼

社会システムの作動にとって一見障碍となりそうな不確実性やコンティンジェンシーや複雑性がじつは社会システムの生成・存続に不可欠な要素であると見抜くその眼力に筆者は爽快感を覚えるが，ルーマンはほかにも無数の刺激的発想（彼の用語でいえば Irritation）でわれわれの脳細胞を活性化させてくれる。彼の膨大な著作はまさに刺激的発想の宝庫なのである。けれどもそうした発想の多くは，すぐに目につくところにあるというよりは，「難解」とされる理論展開の中に埋もれてしまっているため，掘り出すのに手間がかかる。腰を据えて取り組む覚悟でないとかえってイライラ（Irritation）が募るばかりかもしれない[2]。筆

者の見るところ，後期の著作になればなるほど概念用具がふえて，理論のおもしろさが「むずかしさ」の陰に隠れがちである。本章でとりあげた『手続を通しての正統化』のように，むしろ初期の著作のほうがルーマン理論の魅力を分かりやすく示してくれるようである[3]。そこで初期の著作からもうひとつ，筆者が大いに惹きつけられた例を紹介しておこう。それは『信頼：社会的な複雑性の縮減メカニズム』（初版 1968 年，増補第 2 版 1973 年：[31]）の中に出てくる「システム信頼」という考え方である。

「システム信頼」で肝要なのは，人格的信頼と対置される点である。手続を「短命な社会システム」とみるルーマンに従えば上述の「手続を通しての正統化」もシステム信頼のうえに成り立っていることになるのだが，さしあたり好適な例は貨幣である。たとえば食料品店が飢えを満たす食料と引き替えに素材的にはたんなる紙切れでしかない紙幣を受け取るのは，売り手が「客の○○さんは信用できる人だ」と買い手を人格的に信頼しているからではなく，受け取った紙幣を自分もまた支払いに用いることができると信じているからである。人びとは貨幣，ひいては貨幣をコミュニケーション・メディアとする市場経済のメカニズムに信頼を寄せているがゆえに，相手の人格とは無関係に貨幣を受け取るのである。このような信頼のあり方が「システム信頼」にほかならない。

一方，貨幣の支払いに目を転ずると，こちらには別種のシステム信頼がかかわってくる。人びとは自動販売機に貨幣を投じるとき，いちいち当の自販機の設置者つまり飲料等の売り手が人格的に信用できるかどうかを確かめるわけではない。自販機を使用した販売というシステムを信頼して貨幣を投じるのである。もし，

自販機の故障が多かったりいかさま自販機が横行したりすれば，そのシステム信頼は崩れるであろう。しかし今のところ大きな事故・事件の報告はなく，自販機にかんするかぎりシステム信頼は持続しているようである。とはいえ，近年のわが国では貨幣支払いのさいのシステム信頼をゆるがす出来事が頻発しており，楽観は許されない。偽装書類がチェックされず倒壊の危険をはらんだマンションやホテルが多数建てられたり（これは「手続を通しての正統化」を危うくするケースといえよう），食品・乗用車・家電製品などにインチキや欠陥が見つかったり，官僚・医師・教師・弁護士などがスキャンダルをしばしば引き起こしたりと，経済的取引にとどまらず日常生活全般にわたって今や不可欠のものとなっているシステム信頼を掘り崩す事例が，連日のように報じられている。ますます複雑化する社会において人びとはますます手際よく複雑性を縮減していくことを求められる。システム信頼とはそうした要求に応えるものとして人びとがおのずと身につけた手法なのである。近年までの日本はこのシステム信頼を醸成するのに比較的好都合な風土ないし国柄を有していたと筆者は考えるが，それももはや過去のこととなりつつあるのかもしれない（5-4-2 項参照）。

　こうした身近な事例をとっても，「システム信頼」という考え方はなかなか応用範囲の広いことがうかがわれる。ルーマンの著作の中にはほかにも数々の独創的かつ有用なアイデアがちりばめられており，本章でとりあげたのはほんの一部，それこそ氷山の一角，でしかない。みずからの力量不足とはいえ，ルーマン理論の魅力をひとに語り伝えるのはじつにむずかしい。伝えたいのに伝えられないもどかしさを感じざるをえない。しかし，そのもど

かしさもまた筆者にとってはルーマン理論の魅力のひとつなのである。

注

1) とはいえ A. O. ハーシュマンによれば,「われわれの現在のシステム〔=「一人一票」制〕も, 少なくとも次の点では強度を反映しているのである。すなわち, 投票所まで足を運ぶという不便に耐えられないほど弱い感情しかその時の争点について持っていない市民たちの意見が, 全く無視されているというかぎりでは」([14] 訳 122-123 頁：〔 〕内は引用者の補足)。それゆえ, 投票にさいして感情の強度を正しく記録しようとするなら,「より強い強度を記録するにはより高い費用を取り立てるという原理」を徹底させればよいとハーシュマンは考える。たとえば,「ある争点について強い感情を持つ市民たちは三票まで投じることができるが, それには投票所に三日間毎日通うという代価を払うことを条件とすれば, このシステムでは, どれだけ強いメッセージを伝えたいかに応じて, 市民たちは零から三までの尺度の上で決定することができる」([14] 訳 123 頁) のである。

ただしハーシュマンは「一人三票」制を, すぐにでも実行すべきプロテスト緩和の具体策として提案したわけではない。彼のねらいは, こうした方式をあげることで投票のもつ「二重性格」を浮かびあがらせる点にある。「すなわち, 一方において投票は, 過度に抑圧的な国家からの防衛を可能にするための制度的枠組の重大要素であるが, 他方でそれは, 過度に表現的な市民に対する防衛手段としても機能する」([14] 訳 124 頁) というのである。視角の違いはあるが, ハーシュマンもまた選挙に道具的機能 (抑圧的国家からの防衛) と表現的機能 (市民の表現の抑制) を認めているといえよう。表現の抑制がなぜ表現機能を果たすのかとの疑義が生じるかもしれないが, 投票制は人びとに表現の機会を与えると同時に表現の範囲を限定するのである。「一人一票」であっても最小限度の表現はできるが, 強度の表現はほとんどできない。一方, 強度表現を可能にするような投票方式は, それを実効あるものにしようとすれば投票者側の負担を高めざるをえないので, そのぶん強度表現は抑えられる。ハーシュマンが注意を喚起するのはこの点であり, 上記(5)におけるルーマンの指摘はハーシュマンのこの洞察と合わせて読まれるべきであろう。

2) イリテーション (Irritation) ということばは, ルーマンの後期の著作にしばしば出てくるが, たとえば『マスメディアのリアリティ』(増補第2版 1996年：[40]) ではキーワードのひとつになっている。同書でのイリテーション概念の用法は, ルーマンがこの語に与えた特有の (=読み手にとっては難解な) 説明を理解する一助になると思われるので, M. ベルクハウスによる要約をさらに二点にまとめて示しておこう (『やさしいルーマン：システム理論入門』第18章第4節：[6])。(1)マスメディアがあまたの情報の中から好んで取りあげる

(＝選び取る)のは，新しいもの(時間次元)，逸脱したもの(社会的次元)，量的に表わされるもの(事象次元)であり，こうした情報選別を通じてマスメディアは，人びとに現状があるべき姿と違うことを印象づけようとする。このマスメディア特有の情報選別は人びとにとってイリテーションとして作用し，彼らはたえず革新ないし改革へとみずからをあおり立てるようになる。(2) より根本的には，マスメディアはたえず情報を非情報に変えることによってイリテーションを生み出す。すなわち，情報はいったん伝えられると情報価値を失って非情報に転化するので，そこにたえず情報欠乏状態がつくり出され，人びとのあいだに新たな情報への渇望，言いかえるとイリテーション，が生じるのである。

　ちなみに『マスメディアのリアリティ』の邦訳「訳者あとがき」で林香里氏はルーマン理論が読み手に与えるイライラ（Irritation）の由来にふれており，共感するひとは少なくないと思われる（[40] 訳 205-206 頁）。

3） ルーマン理論の発展段階をどう区切るかにかんして「統一見解」があるわけではないが，馬場靖雄氏は 1960 年代から 70 年代半ばまでを「初期」，70 年代半ばから 80 年代前半までを「中期＝移行期」，1984 年の『社会システム理論』刊行以降を「後期＝完成期」と区分している（[2] 2-3 頁）。いずれにせよ，『手続を通しての正統化』と『信頼』を初期の著作とすることに異議は出ないであろう。

第 2 章
ダブル・コンティンジェンシーについて

2-1 問題の所在

　相互行為（一対一の対人関係）の成立さらには社会システムないし社会秩序の生成をめぐる議論で核心的位置を占めるダブル・コンティンジェンシー（二重の不確定性）の問題は，パーソンズによって明示的にとりあげられ，のちにルーマンによってより徹底的に考察された。そのさい，パーソンズがいわば問題をずらしただけに終わったことは多くの研究者の指摘するところだが，ルーマンは問題をどう処理したのであろうか。彼は問題の本質にまでさかのぼってその意味を明らかにしたらしい，という程度の漠然としたイメージはあっても，ルーマンが問題に答を出したのかどうか，出したとすればどんな答だったのかと問われると，はなはだ覚束ない。ルーマン理論の解説書を見てもそのあたりを必ずしも明確に述べてくれてはいない。筆者はこれまで主に経済システムやそのメディアである貨幣に焦点を合わせてルーマンを論じてきたが，ふとしたきっかけで「ルーマン理論についてあれこれ読んだり書いたりしているのに，こんな基本的なところでなんというあやふやな理解しかしていないのか」と思い知らされる場面に遭遇した。そこで反省を込めつつルーマンの原典に立ち戻っ

てもういちどじっくりこの問題と対峙してみようと考えた。以下はその顛末を記すものである。なお，ルーマンの記述はもとより，解説書も多くは難解でしばしば立ち往生ないしギブ・アップせざるをえなかったという経験に照らして，できるかぎり平易な表現で書き進めることにする。

2-2 ダブル・コンティンジェンシーとはどんな状況なのか

そもそもダブル・コンティンジェンシーとはどんな状況を指すのであろうか。この言葉がかなり浸透しているはずの社会学においても，辞典類に独立の項目としてとりあげられているケースは多くないし，ましてや経済学の用語集・辞典類に「ダブル・コンティンジェンシー」という項目を見かけることはない。しかし，ダブル・コンティンジェンシーは経済学でも夙に問題にされてきたのである。すなわち物々交換のさいの「欲望の二重の一致」という話である。アダム・スミスの『諸国民の富』第1編第4章「貨幣の起源および使用について」の冒頭の部分はその代表的な例であろう。すなわち，「肉屋は，その店に自分が消費しうるよりも多くの肉をもっており，しかも酒屋とパン屋のおのおのは，その肉の一部分を購買したいと思っている。ところが，かれらはそれぞれの職業の異なる生産物以外には，交換に供すべき一物もなく，しかも肉屋は，自分がいますぐ必要とするくらいのパンやビールはすでにその全部をととのえているのである。このばあい，かれらのあいだにはどのような交換もおこなえないであろう」（[62]訳（一）134頁）。もし貨幣なしに肉屋とパン屋のあいだに交換が起こりうるとすれば，肉屋がパンを欲しがっており，

パン屋も肉を欲しがっているという状況で二人が出会ったばあいに限られる。たまたま肉屋とパン屋が出会ったとしても，その時点で互いに相手の持ち物を欲しがっているかどうかは，偶然が二つ重なるかどうかということであり，可能性は小さくならざるをえない。この「偶然が二つ重なるかどうかということ」がここでいう「ダブル・コンティンジェンシー」なのである。

　アダム・スミスの例は，ダブル・コンティンジェンシー問題が経済学と無縁ではないことを示すために持ち出したのだが，ダブル・コンティンジェンシーとは何かを明瞭なかたちで教えてくれるとは言いがたい。そうであれば，まずはパーソンズの原典にこの言葉の説明を求めるべきであろう。ところが彼の『社会体系論』(1951)では周知の用語といった扱いで，あらたまった説明は与えられておらず，そのためか邦訳にはわざわざ訳注がつけられている（[53] 訳 54 頁および 77 頁）。幸いルーマンが『社会システム理論』(1984)でパーソンズに代わって簡潔に表現してくれているので，それに拠ることにしよう。すなわち，パーソンズのとらえたダブル・コンティンジェンシーの問題とは「どのように自分自身が行為するのか，およびどのように自分自身がその行為を相手の人に接続しようとしているのかに，相手の人がその行為を依存させており，その立場を変えて相手からみても同様であるのなら，相手の人の行為も自分自身の行為もおこりえないということ」（[35] 訳 158-9 頁）である。

　行為を交換行為に限定して，たまたま出会った肉屋とパン屋のケースにあてはめれば，たしかにダブル・コンティンジェントな状況が現出する。しかし肉屋とパン屋がかりに顔見知りであったとすれば，互いに自分の意志ないし希望を伝えたうえでうまく折

り合うことができれば交換が実現するし，さもなければ「それは残念。またの機会に」となるだけのことで，両者は潜在的には交換のパートナーであり続ける。問題はそれほど深刻ではないのである。パーソンズやルーマンが問題にするのは，会話を含めてそもそも両者のあいだになんの相互行為も起こらない状況である。これこそが社会学上のダブル・コンティンジェンシー問題なのである。それゆえ，経済学にひきつけていえばアダム・スミスの肉屋とパン屋の例ではなく，ヘロドトスの伝えるカルタゴのフェニキア人と古代リビア人の間の「沈黙交易」のほうが問題の核心にふれる例となる。沈黙交易については本章の最後にとりあげたい（くわしくは栗本 [25] の第 6 章「沈黙交易」を参照）。

2-3 パーソンズの問題処理とそれに対する批判

　パーソンズがダブル・コンティンジェンシー問題をどう処理したかについては，社会学者のあいだではほぼ見解の一致をみているようである。ふたたびルーマンのことばを借りると，「パーソンズは，人びとが想定した（しかも人びとにじっさいに十分に受け入れられた）価値コンセンサス，人びとが一様にいだいている規範的指向，つまりは"コード"のような規範的性格を有している"分有されたシンボル・システム"によって，ダブル・コンティンジェンシーの問題が解決されると考えている」（[35] 訳 159-160 頁）のである。なるほど「価値コンセンサス」なり「分有されたシンボル・システム」なりが相互行為の発生を容易ならしめることは想像できる。しかし，「ダブル・コンティンジェンシーのなかから，共有されたシンボルのもとでのコミュニケー

ションが可能な状態がいかにして生じてくるかこそが，説明されねばならない」(馬場 [2] 67 頁) のであって，「価値コンセンサス」や「分有されたシンボル・システム」それ自体が相互行為を起動させるとは考えにくい。

ルーマンの目から見ればパーソンズは旧来の考え方から抜け出せない中途半端な位置にとどまっている。「ダブル・コンティンジェンシーの問題の解決を，もっぱらすでにそこに見いだされるコンセンサスのなかに，それゆえにもっぱら社会的次元のなかに探し求めることは，けっして強制されてはいない」([35] 訳 160 頁) のだから，視野の拡大・視点の切り替えを通してほかの可能性を探ってみるべきなのだ。ルーマン自身の記述は入り組んでいて分かりにくいが，誤読の危険をかえりみず筆者のことばに直すと以下のようになろう。すなわち，「パーソンズも他の多くの研究者も，ダブル・コンティンジェンシーを相互行為ひいては社会システムの生成を妨げるいわば厄介者（＝解決されるべき問題）ととらえているが，逆にダブル・コンティンジェンシーがあるからこそ，相互行為が起動し，社会システムが生成されるのだ」。このような読み方ができることは，「ダブル・コンティンジェンシーの問題は，まさしく偶然を吸引しているのであり，偶然に対して敏感に反応している。たとえ価値コンセンサスがないとしても，それは創り出されるであろう。神が何も与えないとしても，システムは生じるのである」([35] 訳 161 頁) とか，「ダブル・コンティンジェンシーによって，…特別の行為システム，すなわち社会システムの分出が可能になる」([35] 訳 163 頁) といった表現から推し測れる。こうしたいわば「逆転の発想」はルーマンの得意とするところで，馬場靖雄氏もそのあたりを強調しつつ，

ルーマンのダブル・コンティンジェンシー問題への対応を論じている（[2] 66-83 頁）。とはいえ，いきなり逆転を求められた方にしてみれば，捻挫を起こして議論についていけなくなるおそれなしとしない。筆者はできるだけ柔らかく解きほぐして説明したいと思う。

2-4　ルーマンの問題突破（ブレイクスルー）

2-4-1　コンティンジェンシー概念の拡張

手がかりはルーマンの抽象的な記述のなかに紛れている稀少な具体的描写にある。すなわち，「他者は，まだ不明確な状況のなかで，はじめはみずからの行動を試行的に決定する。彼は，親しみを込めたまなざしを送りはじめたり，なんらかの身振りを開始したり，プレゼントを差し出したりする。ついで他者は自分の提示した状況規定を相手である自己が受け入れるのかどうか，どのように受け入れるのかを，じっと見守っている。その次におこなわれる自他の行動はことごとく，他者の最初の行動からみれば，そのコンティンジェンシーを縮減し，それを規定する——ポジティヴなものであれ，ネガティヴなものであれ——効果を有している行為なのである」（[35] 訳 160-161 頁：訳文は目下の文脈に即して一部変えてある）。この具体的状況と，少しあとに出てくる「コンティンジェンシー概念は，必然性の排除と不可能性の排除にほかならない…。コンティンジェントなものは，必然的でもなければ，不可能でもないものである」（[35] 訳 163 頁）という記述（ルーマンはこれを「コンティンジェンシー概念の拡張」と呼んでいる）を結びつけると問題の核心が見えてくる。

まず後者の「コンティンジェンシー概念の拡張」からみていこう。筆者自身の体験を例に言うなら，私は「ルーマン理論にはまり込んでしまった」というみずからの現にある様相（姿）をコンティンジェントな事態と見ているのであるが，その意味は，現状に至るまでのさまざまな場面で「事態が別様に展開する可能性があった」にもかかわらず，そうしたもろもろの可能性はどういうわけか現実化せず，結果的にたまたま今あるような姿になった，ということである。1978年春にM書店の洋書棚にルーマンの『社会学的啓蒙』が並んでいなかったら，1984年秋に恩師を訪問したとき，彼が自分と同じ留学先を強力に勧めてくれていたら，同じころ同僚が「ルーマンをやっているなら当然，彼のところに留学すべきだ」と（筆者にそんな勇気はないだろうとひやかし半分に？）助言してくれていなかったらなどなど，思いつくだけでもいくつかの可能性の分岐点が浮かびあがる。上記の引用部分に続けてルーマンは「ことがらが現にある（過去にあった，今後あるであろう）あり方は，そのようにあることが可能であるのみならず，またそれとは別様にあることも可能なのである。…コンティンジェンシーの概念は，現に存している世界を前提としているのであり，したがって可能なもの一般ではなく，この現に存している世界というリアリティからみて，別様にありうるものを言い表している」（[35]訳163頁）と述べているが，可能なるものをそのように限定してもなお，筆者の今のケースについて厳密に数えあげればそれこそ無数の可能性の分岐点があったはずである。

ところで，本来の問題はたんなる「コンティンジェンシー」ではなく，「ダブル・コンティンジェンシー」であった。ルーマン

による「コンティンジェンシー概念の拡張」をふまえたうえで「ダブル・コンティンジェンシー」の問題に立ち戻ろう。本節冒頭にあげた二つの引用文のうち最初のものの出番である。引用文中の「他者は，まだ不明確な状況のなかで，はじめはみずからの行動を試行的に決定する」という部分を筆者の上述の**体験**にあてはめるなら，著作のほんの一部を読んだという以外ルーマンにかんしてほとんど情報を持ち合わせていない段階が「まだ不明確な状況」に該当する。そうしたなかで筆者は「みずからの行動を試行的に決定」して，とりあえず留学希望を伝える手紙をビーレフェルトのルーマンに出したわけである。「**賽は投げられた**」のであるから，さしあたり「他者（＝筆者）は自分の提示した状況規定を相手である自己（＝ルーマン）が受け入れるのかどうか，どのように受け入れるのかを，じっと見守っている」ほかはない。

　一方，まったく未知の人物から手紙を受け取ったルーマンにとって，手紙が送られてきたという事実およびその文面は当の人物にかんする情報であり，未知の人物はルーマンとのコミュニケーションにかかわるコンティンジェンシーをあらかじめ縮減した姿で彼の前に現われたことになる。ルーマンはこれに対してポジティヴに応じ，基本的に留学を受け入れる用意があるとの返事を書く。そのさい彼自身が目下いだいている経済への関心にふれつつ，近作「オートポイエティック・システムとしての社会の経済」の抜き刷りを添えるとともに，かの日本人の留学目的の中に経済学そのものの研究が含まれている可能性をも考慮して，隣接する経済学部の研究動向にまで言及する。

　返事が来るのか来ないのか，来るとしていつどんな内容のか

「じっと見守って」いた筆者は，約半月後返事を受け取る。当時の通信事情からすれば予想外に早い応答とその内容は，コミュニケーションにかかわるコンティンジェンシーを一挙に縮減し，筆者のその後の行動を「規定する効果」を十二分に有していた。次の手紙で経済学そのものの研究をするつもりはまったくないことを伝え，ルーマン側の「コンティンジェンシー」を縮減したのは言うまでもない（本章のテーマとは直接関係ないが，このあたりのやりとりは春日［18］にも書いた）。

2-4-2 コンティンジェンシーとダブル・コンティンジェンシーの区別

ここまで「コンティンジェンシー」と「ダブル・コンティンジェンシー」について筆者の体験を例にとりつつ述べてきたのだが，「コンティンジェンシー」の部分で例示した三つの分岐点に限っていえば，その時点で現にあるあり方（Gegebenes）も「別様である可能性」（mögliches Anderssein）も筆者のコントロールの及ぶところではなかった。言いかえると，筆者とのコミュニケーションが開始される以前にすでに相手が可能性を選択してしまっていた（『社会学的啓蒙』は筆者の来店とは無関係にすでに書棚に並べられていたし，高齢の恩師は筆者が留学の相談のために訪れたことを察知せず，もっぱら師自身が構想中の画期的な理論について語り続けた）。同様の事態は自然現象にかかわるコンティンジェンシーではより明瞭になる。「あのとき雨が降らなかったら，彼女と出会うことはなかったであろう」と回想する男にとって，雨が降る降らないはコントロールの範囲外である。これに対して「ダブル・コンティンジェンシー」の部分で示した例

は，コミュニケーションの相手にとってのコンティンジェンシーを縮減する努力を当方がおこなうことで，相手が当方にとってのコンティンジェンシーを縮減してくれる行動にでる可能性を高める，というものであった。この違いが重要である。すなわち，コンティンジェンシーはそのままでは社会システム（＝コミュニケーションのシステム）の生成にとって妨害物ともなりうるが，ダブル・コンティンジェンシーの形をとることによってむしろシステムの生成を助けるのである。ルーマンが「ダブル・コンティンジェンシーによって，…特別の行為システム，すなわち社会システムの分出が可能になる」と言った意味はこれであり，一方パーソンズはおそらくコンティンジェンシー一般とダブル・コンティンジェンシーのあいだのこの違いに十分な注意を払わなかったと思われる。

　コンティンジェンシーはダブル・コンティンジェンシーの形をとることによってシステムの生成を助けるというのが本章の中心命題であるが，まだ説明が完結していない。たまたま命題どおりになった筆者のケースをあげただけでは，なんら説明になっていないとの批判もありえよう。そこでもういちど「コンティンジェントなものは，必然的でもなければ，不可能でもないものである」というルーマンのことばに戻りたい。卑近な例だが宝くじを買うひとは，必ず当たるとはもちろん考えていないであろうが，当たる可能性がないとも考えていないはずである。つまり不可能ではない（＝可能性がある）ことに賭けるわけである。もし，当選番号が決まるメカニズムが完全に解明されているなら，宝くじは成り立たない。メカニズムが「偶然」という名のブラック・ボックスになっているからこそ，人びとは宝くじを買うのであ

る。言いかえると宝くじは「分からないから成り立つシステム」なのである。ルーマンの難解な叙述を必死にかきわけて筆者がたどりついたのは，この「分からないから成り立つシステム」という点である。正直に告白するが，*Soziale Systeme*（『社会システム理論』）の第3章 Doppelte Kontingenz（ダブル・コンティンジェンシー）の翻訳を読んでも，原文にあたっても，また村中知子氏や馬場靖雄氏の解説文（[48] 143-156頁，[2] 66-83頁）を参照しても，「すっきり理解」とはとても言えず，霧の中に何か漂っているといったありさまである。そして，その何か漂っているものがどうやら「分からないから成り立つシステム」という考え方らしいと，やっと気づいたところである。

2-4-3 ブラック・ボックスゆえに成り立つシステム

「ダブル・コンティンジェンシーの基本状況とは，要するに二つのブラック・ボックスが，いかなる偶然にもとづくにせよ，互いにかかわりをもつようになることである」（[35] S.156: 訳は筆者による）と，ここではじめて「ブラック・ボックス」を登場させたルーマンは，そのブラック・ボックスが互いに相手の内部を明るみに出そうとしても無駄だと強調したうえで，だから「二つのブラック・ボックスは，それぞれ相手についての純然たる想定をとおして相手に関するリアリティの確かさを互いに生み出す」（[35] 訳169頁）ほかないとする。想定が正しいかどうかはさしあたり問題ではなく，互いが想定（や想定の想定，想定の想定の想定等々）にもとづいて自己準拠的に作動することで，ブラック・ボックスたる「二つのシステム〔二当事者〕」の間になんらかの創発的な秩序が成立しうるのであり，…この創発的な秩序をわ

れわれは社会システムと呼ぶ」（[35]訳169-170頁：〔 〕内は引用者の補足）。そして肝心なのは，「ダブル・コンティンジェンシーの状態にある二つのシステムが，互いに相手を見抜くことができ，そして予測することができるということに基づいて，社会システムが構築されるのでもなければ，そのことに社会システムが依拠しているのでもない。社会システムがシステムであるのは，まさしくその基盤の状態についてのいかなる確かさもないからであり，その基底的状態を手がかりとしてはいかなる行動の予想も立てられないからなのである」（[35]訳170頁）。引用の最後の部分でルーマンは，「ブラック・ボックスである（＝分からない）からこそシステムが成り立つ」と主張しているようにみえる。だがその説明となると筆者の目には錯綜していてよくつかめない。*Soziale Systeme* 第3章第4節あたり（[35]訳181-184頁）にかじりついてどうにか引っ張り出したところでは，ダブル・コンティンジェンシーは互いに相手の出方次第という自己準拠的循環を意味するが，「この循環は，関与しているシステム〔二当事者〕のいずれ〔の片方〕にも帰しえない新たなまとまりの原基的なかたち」（[35]訳181頁：〔 〕内は引用者の補足）なのであって，その「新たなまとまり」は社会システムにほかならない，ということらしい。ダブル・コンティンジェンシーはあくまでも原基形式であるから，社会システムになる可能性を秘めているだけで，そこから実際に社会システムが形成されるかどうかは上述の「相手についての想定」などに依存しており，まったく不確かである。しかし逆に，ダブル・コンティンジェンシー状況があるかぎり，社会システムが生まれる可能性がたえず再生産されているとみることもできる。どうやらルーマンの目はこのポジ

ティヴな側面に向けられているようである。

2-4-4 最後の一歩？

　ルーマンの解読に苦心惨憺してようやく少し見通しの良い場所にたどりついたが，霧が全面的に晴れたわけではない。たしかに「ダブル・コンティンジェンシーがあるからこそ，社会システムが生成される」という意表をつく見方のもっともらしさ（Wahrscheinlichkeit）はかなり増した。だが，最後の詰めが残っているのではないか。すなわち，ダブル・コンティンジェンシー状況を社会システムの不成立や崩壊ではなく，その生成・維持へとポジティヴな方向に導くものは何かという問いに答えなければならない。ネガティヴへではなくポジティヴへと舵取る仕掛けがダブル・コンティンジェンシーそのものに備わっていてはじめて，「ダブル・コンティンジェンシーがあるからこそ，社会システムが生成される」と言えるのである。この点にかんしてルーマン自身や他の論者が明確に述べている箇所を筆者は（探索不足かもしれないが）まだ見たことがない。それゆえ以下では，筆者の解答試案（私案）とでもいうべきものを示して批判を仰ぎたいと思う。

　答のヒントは 2-4-2 項でふれた宝くじにある。宝くじは，必ず当たるわけではないが当たる可能性がないわけでもないという意味で，まさにコンティンジェンシーを含んでいるがゆえに成り立つと先に述べたが，より正確にいうと，コンティンジェンシーを含み，かつそのコンティンジェンシーに対してポジティヴに反応する者がいてはじめて成り立つのである。必ず当たるわけではない（＝必然性の排除）から買わないというネガティヴな反応をす

る者（危険回避者）ばかりではなく，いかに小さいにせよ当たる可能性（＝不可能性の排除）に賭ける者（危険愛好者）が相当数いることが必要なのである。世の中から宝くじがなくならないという事実は，この必要条件が満たされているしるしである。

　宝くじの例から，コンティンジェンシーに対してポジティヴに反応する者（危険愛好者）が相当数いることは分かったが，ここから社会システムへと話を一般化するには，もう一段階つけ加えなければならない。宝くじのばあい，断じて買わないという者も少なからずいるはずである。彼らは宝くじというシステムに加わらないままであるが，だからといって彼らが困ることも，宝くじシステムが行き詰まることもない。ところが，今日の社会システムのばあい，システムに加わらない（いかなる形でも他者とコミュニケーションをまったくしない）人間はほぼ皆無である。いかにしてこのような状態に到達しえたのであろうか。これには次の二つの要因が考えられる。

(1) 人間はふつう，あらゆるコンティンジェンシー状況に対してつねに同じ反応をするわけではなく，あるときはポジティヴ（危険愛好的）に，またあるときはネガティヴ（危険回避的）にと反応を変える

(2) **2-4-3項**で示した原基形式からいったん社会システムが生成すると，次第に社会システムへの参加が生存のための不可避の前提条件となる

　第一の要因については，各自みずからの行動をふり返ればすぐ思い当たるであろう。ちなみに筆者は宝くじのみならず多くの場面で危険回避的（要するに臆病者）であるが，ところどころで意外に危険愛好的に行動している。どんなコンティンジェンシー状

況かによって、またそのときどきの当事者自身の心身の状況によって、反応が一様でないのはむしろ当然である。そうであれば、いかなるダブル・コンティンジェンシー状況においても「相手にかんして想定された可能性」にいっさい賭けることがない、つまり社会システムにまったく参加しない人間は例外的となる。これに第二の要因が加わるともはや例外も許されなくなる。第二の要因を説明する格好の事例は経済的分業であろう。自給自足の状態から物資の交換が芽ばえ、やがて交易の拡大とともに分業の体制が確立してくるそのプロセスは、経済的コミュニケーションの進化とみることができ、後戻りのできないプロセスである。今日、地球規模(グローバル)となった分業体制に背を向け、ひとり自給自足の生活を貫徹しうる人間などいるだろうか。コンティンジェンシーないしリスクがあるからといってそのつど取引(＝経済的コミュニケーション)への参加を見合わせていては、生き延びることさえ危うくなろう。

　幸いにというべきか、取引にはたんなるコンティンジェンシーではなくダブル・コンティンジェンシーがつきものである。買い手・売り手とも相手にかんする不十分な情報しかもっていない。すでに別のところで論じたように([19]第8章「市場の非対称」)、直面するコンティンジェンシーの度合いという点では売り手のほうが深刻である。つまり個々の買い手が望みどおり売ってもらえる見込みと比べ、個々の売り手が望みどおり買ってもらえる見込みのほうがおしなべて小さい。このことは、買い手側から見た売り手のコンティンジェンシーを売り手側が進んで縮減しようとする誘因となる。先に(2-4-2項)ふれたように、ダブル・コンティンジェンシー状況ではコミュニケーションの相手にとっての

コンティンジェンシーを縮減する努力を当方がおこなうことで，相手が当方にとってのコンティンジェンシーを縮減してくれる行動にでる可能性が高まるからである。売り手側のこの努力ゆえに，多くの取引において買い手の直面するコンティンジェンシーは，取引への参加を妨げないレベルに抑えられる。

2-5 小松丈晃氏の「ダブル・コンティンジェンシーの論理」(1996)へのコメント

最後になったが，すでに十数年前に本章とほぼ同じテーマを小松丈晃氏が論じているので，若干のコメントをつけ加えておきたい。

本章ではルーマンの考え方のポイントを「ダブル・コンティンジェンシーがあるからこそ，相互行為が起動し，社会システムが生成される」と表現したが，小松氏は「ルーマンによれば，…ダブル・コンティンジェンシーのみられる状況においては，相手に対してどのように振る舞えばよいのかが，両者いずれにとっても不確実なのだが，このように両者ともに不確実であるからこそ，互いにやりとりする上での確実さ（Wahrscheinlichkeit）がもたらされる。…このような〈不確実さの二重化〉が確実さを生み出す，という考え方こそ，実はルーマンによるダブル・コンティンジェンシーの論理の要なのである」（[23] 93頁）と述べており，「社会システムの創発はまさに自他の行動の不確実さの二重化を媒介として現実化されている」（[35] 訳180頁）というルーマン自身のことばと合わせるなら，小松氏と筆者の理解は基本的に一致している。しかし両者の焦点は微妙にずれている。

小松氏の考察の力点は，いったん自我が何らかの行動をとったのち，相互行為が不確実さのもとでどう推移ないし展開するか，というところにある。これに対して筆者が重視するのは，自我の最初の行動がいかにして起こりうるのかという問題である。この問題にかんして小松氏は，最初の行動が「試行錯誤的」・「偶然的」であることを再三強調し，「みずからの行為が不確実であることに加えて相手の行為も不確実である場合にこそ，相手に対して試行錯誤的に振る舞うことができる」（[23] 93頁），「不確実であるがゆえに，自我は，とりあえず何かを試行的におこなってみようとすることができる」（[23] 100頁）と繰り返すのだが，いかにも隔靴掻痒の説明である。2-4-4項で述べた「不確実であるがゆえにリスクをとろうとする行動が起こりうる」という肝心な点が意識されているのかどうかが読み取れないからである。

さらに，自我の最初の行動は必ずしも「試行的」・「偶然的」であるとは限らない。たとえば「ダブル・コンティンジェンシーという条件下では，いかなる偶然によってなされたものであるにせよ，またいかに計算されたものであるにせよ，〔行動の〕あらゆる自己決定は相手の行動にとって情報価値と接続価値を有している」（Luhmann [35] 訳180頁：ただし訳文は文脈に即して筆者が多少改めた。〔 〕内および傍点は引用者の付加）と述べるとき，ルーマンの視野には最初の行動が十分計算されたうえでなされるケースも含まれていたに違いない。小松氏は，不確実さが試行的・偶然的行動を誘発すると言いたいようであるが，十分計算された行動もありうるとすれば，その論法は崩れてしまう。行動が十分計算されたものであろうと，試行的・偶然的であろうと，とにかく不確実さのもとでいかにして最初の行動が起こりうるの

か，これが問題なのである。

2-6 結論

ルーマンの叙述を土台にしてダブル・コンティンジェンシーの問題に筆者なりの考察を加えてきたが，全体をふり返ったうえで当面の結論を示しておこう。

「コンティンジェントなものは，必然的でもなければ，不可能でもないものである」と言い表わされるルーマンの「コンティンジェンシー概念の拡張」からスタートすると，さしあたり「必然的でない」ことがコミュニケーション（社会システム）の成立を妨げるかのようである。しかしコンティンジェンシーはダブル・コンティンジェンシーの形をとることによってみずからを縮減するメカニズムを備えるのである。つい先ほど言及したばかりの「相手にとってのコンティンジェンシーを縮減する努力を当方がおこなうことで，相手が当方にとってのコンティンジェンシーを縮減してくれる行動にでる可能性を高める」というのもそのメカニズムの一端であるが，より根本部分をなすのは「互いが分からない（＝ブラック・ボックスである）からこそコミュニケーション（＝社会システム）が生成する」という自己準拠的作動である。「ダブル・コンティンジェンシーの基本状況とは，要するに二つのブラック・ボックスが，いかなる偶然にもとづくにせよ，互いにかかわりをもつようになることであり」，二つのブラック・ボックスはお互い分からない（ブラック）同士なので，とりあえず相手にかんする想定に依拠してコミュニケーションに踏み出すほかはないだろう。これが（筆者が読み取ったかぎりでの）

ルーマンの説明である。

　では誰がコミュニケーションの第一歩を踏み出すのだろうか。あるいは誰がコンティンジェンシー縮減の努力を最初に始めるのだろうか。ここに上の「必然的でもなければ，不可能でもない」の「不可能でない」のほうが生きてくる。すなわち，「必然的でない」からと断念する人間ばかりでは社会は成り立たないが，「不可能でない」つまり「可能性がある」その可能性に賭ける人間がいるという事実が，社会システム生成の第一歩を保証してくれるのである。2-2節でふれた「沈黙交易」を例にとろう。ヘロドトスによれば（[13]訳〔中〕110頁），リビア人の住む国に着いたカルタゴ人は海岸に船荷を並べたのち船に引きあげ，合図の狼煙をあげて土地の住民の応答を待つという。売り手の姿の見えない海岸に買い手である住民が現われ，代価の黄金を置いてその場を退く。すると今度は買い手の姿のないその場にカルタゴ人が戻ってきて代金をチェックする。妥当であれば受け取って立ち去り取引は終了するが，不足であれば妥当な額になるまで先の手順が繰り返される。この取引はすでに定着しているもののようであるが，さかのぼれば，取引成立の可能性に賭けて最初に積荷を波打ちぎわに並べた（勇気ある）カルタゴ人がいたはずである。そもそもこんな太古の例を持ち出すまでもない。実りの季節に山里を散策していると，道ばたの小屋や台に並べられた野菜や果物を見かけることがある。「代金はこの箱に入れてください」などと表示してあるだけで，売り手の姿はない。買い手ははたして代金を入れてくれるだろうか，箱に投じられたお金を持ち去る不届者はいないだろうかなど，売り手にとって潜在的な取引相手（ブラック・ボックス）にまつわるコンティンジェンシーは小さくない。

正当な代金投入は必然的でもないが，ありえないこと（不可能）でもない。その（小さな）可能性に売り手は賭けたのであろう。分からない（ブラックな）相手とのコミュニケーションに踏み出したからには，売り手は相手にかんする想定をしたにちがいない。山里の農家（＝売り手）の想定は都会人のそれより楽観的かもしれない。あるいは，売り手はこの取引に大きな利益を期待していないかもしれない。いやむしろ，都会人をためす実験をしているのかもしれない。いずれにせよ，売り手はダブル・コンティンジェントな状況のもとで，社会システム生成の口火を切ったのである。

「必然的でもなければ，不可能でもない」というコンティンジェンシーの特性と，不可能でないかぎり可能性に賭けるという人間に広く認められる特性，この二つがダブル・コンティンジェンシー状況で出会うことによって，社会システム生成の自己準拠的作動が引き起こされる。これが本章で到達した（さしあたりの）結論である。

第 3 章

パーソンズからルーマンへ
—— 4 次元図式と 3 次元図式 ——

3-1 4 次元から 3 次元への「転向」

　今を去ること 30 年ほど前，正統派経済学に懐疑的な研究者の小さな集いがあって，不定期に読書会を開いていた。とりあげられる書物はじつに多彩だったが，そのなかで筆者はタルコット・パーソンズの著作に出てくる AGIL 図式ならびにパターン変数という思考枠組みにすっかり魅せられてしまった。それ以前にパーソンズと N. J. スメルサーの共著である『経済と社会』(1956 [57]) の翻訳は一読していたのだが，難解さに阻まれて深入りする勇気は持てないでいた。しかし読書会をきっかけにパーソンズにのめり込み，彼の図式や変数を家計行動にあてはめるといった作業に一時期没頭することになった (春日 [15] I)。何がそんなに魅力的だったのかといえば，対立項の組み合わせによってできる 4 次元図式で事象を類型化する手法である (この手法の凝縮された記述は，[57] 訳 I 53-61 頁「術語についてのノート」参照)。社会の事柄はすべて 4 次元図式で割り切れるように思えてきた。名づけて「十字表 (Kreuztabelle) 万能主義」である。当時発表された西部邁氏の「メディア論ノート」(1976 [50]) なども火に油を注ぐ結果となった。ちなみに「十字表万能主義」の傾向は，

たとえば R. ミュンヒの『行為の理論：タルコット・パーソンズ，エミール・デュルケームおよびマックス・ウェーバーの業績の再構成に向けて』(1982 [47]) にも読み取れ，筆者が滞独中 (1986-87) に知り合った研究者の口からはミュンヒの十字表偏重を揶揄する声も聞かれた。

　そうこうするうちに，十字表の積み重ねに飽き足らなくなってきた。パーソンズの晩年の著作（たとえば，[54], [55], [58]) に繰り返し登場する 4 × 4 の 16 分割図式ももはや筆者の心をゆさぶる力を持っていなかった。十字分割によって事象が見やすくなることは確かだが，そのあとどうなるのか。分類しただけで終わるのではなく，そこから何かが動き出さねばならぬという気持ちが強くなっていた。1953 年に出た R. F. ベイルズ，E. A. シルズとの共著『行為の理論にかんするワーキング・ペーパー』([56]) あたりでは「位相運動」という考え方が示されており，一応動態分析をともなっていたのだが（この点については高城和義 [63] 160-185 頁参照)，それ以外には「境界相互交換」といった作動があるくらいで，AGIL 図式は筆者にとって次第に退屈な分類図式になっていった。

　この退屈さを打ち破ってくれたのが，ニクラス・ルーマンである。彼の名は W. ジーベルの『体系的社会学への入門』(1974 [61]) において偶然見かけたもので，それまで筆者はルーマンについて何も知らなかった。ジーベルはルーマンの初期の理論をごく簡単に紹介したのち，ベン図式やブール代数を使って論理的な不備を指摘していた。初めて出会った理論でもあり，にわかに理解できたわけではもちろんないが，何かありそうな雰囲気だけは記憶に残った。そこに第二の偶然というべきか（Alles ist kontingent!) 書店の洋書コーナーで『社会学的啓蒙』の第 2 巻 (1975 [32]) が目にとまったのである。

　パーソンズのもとに留学し, (少なくともある時期までは) 彼の理論と対比させつつみずからの理論を展開していたルーマンであるが, その思考枠組みはパーソンズの枠組みの延長上にあるのではなく, むしろパーソンズの枠組みを突き破った(ブレイクスルー)ところにある。ここでとくに注目すべきは, ルーマン理論においてパーソンズ流の 4 次元図式がほぼ一掃され (ほぼといったのは, **3-2 節**で紹介するように初期の著作には 4 次元の表も登場するからである), 代わりに事象・時間・社会の 3 次元構成が基礎に据えられる点である。一時「十字表万能主義」に囚われた筆者は, 社会のキーナンバーは 4 であると確信しかかっていた。しかしここにきて, もしかするとキーナンバーは 4 ではなく 3 ではないかとの思いが去来し始めた。それならいっそのこと 1 から出直して, 社会科学で用いられる説明図式の有効性を次元数の観点から調べてみるのも面白いのではないか。ずいぶん前に頭に浮かんだこのテーマは, その後ルーマン理論の「解読」に手一杯で放置されたままになっていた。本章は, やり残した課題への遅ればせの (しかも粗描レベルの) 回答である。対象とする図式の次元は事例の豊富な 1 から 4 までとし, 5 次元以上の図式はさしあたり除外する。ただし, 2 または 4 の累乗にあたる 8 や 16 は, 2 または 4 の拡張として対象にするばあいもある。

　なお, 本章の核心は第 4 節「3 次元図式の魅力」にあり, 第 2, 3 節はある意味で予備知識の再確認にあてられている。それゆえ, いまさらパーソンズの AGIL 図式の復習でもあるまいという方や, 1 から出直している時間はないので早くルーマンについ

て語れとおっしゃる向きは，いきなり 3-3-2 項の b（59 頁）から読み始めていただいてもさしつかえない。

3-2 1次元図式は 2 次元図式

　ある社会ないし社会現象をひとつの言い回し(フレーズ)で特徴づけたり説明したりするというやり方は，分かりやすさ（正確には「分かっ・た・と・思・わ・せ・ら・れ・やすさ」）や印象づけの点で効果的であり，大衆説得の手段として広く用いられている。その事例は少なからぬ悪用のケースも含めて，ジャーナリズム，政治，宗教，セールスといった領域に豊富に見いだされる。しかし学問的な姿勢としては，ルーマンが言うように「問題を〈きれいに〉いずれかひとつの方向で解くことは，はじめから断念しなくてはならない。かかる一面化を避けた分析だけが実を結ぶのである」（[37] 訳 261 頁）。それゆえたとえば，「現代社会を非人格的な大衆社会と性格づけて終わりとするのはいかにも誤った判断である。こうした見方は，一部は社会概念の理論的な定義が狭すぎることから，また一部は目の錯覚から来ている」のであり，正しくは「それ以前の社会編成と比べて現代社会は二重の意味での増勢，すなわち非人格的関係に身をおく機会の増加と人格的関係の強化，において際立っている」と見るべきなのである（[33] 訳 11-12 頁：ただし，文脈に合わせて筆者の訳文を用いた）。

　物事の両面性ないし双方向性にたえず注意を払うことが学問的に正しい姿勢であるとすれば，反対面ないし逆方向の存在がはじめから念頭にない純然たる 1 次元図式は，社会現象の説明図式としてはとりあげるに値しない。反対面・逆方向の存在に気づきな

がらも意図的に無視または軽視する擬似1次元図式も同様である。ただし，表面的な分かりやすさに惹かれる人々が，ほんらい1次元図式でないものを1次元図式と錯覚するケースは別途考える必要があろう。そこで，この錯覚ケースに該当すると思われる三つのよく知られた日本社会論ないし日本人論について手短に検証しておこう。

① 中根千枝『タテ社会の人間関係：単一社会の理論』(1967)
② 土居健郎『「甘え」の構造』(1971)
③ 浜口恵俊『間人主義の社会 日本』(1982)

① 中根氏によれば，日本人は資格や属性が共通であることよりも，地域とか職場といった「場」を共有することに大きな意義を見いだしており，しばしば生活のすべて（全人格）をみずからの所属するただひとつの場，具体的には会社や官庁や大学など，に委ねる傾向があるという。そうした「場」としての社会集団は，感情（エモーショナル）的なものに訴えて内部の一体感を強化するとともに，精緻かつ厳格な序列化つまり「タテ」の関係によって資格や属性の異なる成員を結びつけている。「場」の重視は，「ウチ」と「ヨソ」の極端な区別や，能力とは無関係な序列差への過敏な反応といった，他の国の人びとには見られない独特の行動パターンを生み出すことになる。

大略このような中根説は欧米やアジアの他の国（インド・中国）とたえず対比するかたちで述べられており，「タテ」の関係はもちろん「ヨコ」の関係と対照的なものとして説明される。分かりやすく単純化するなら，中根氏は「タテの人間関係⟷ヨコの人間関係」，「準拠集団の単一性⟷複数性」という二つの軸（＝2項対比）によって日本と比較対象国を対極の位置に据えたとい

えよう。ただし，軸が二つあれば理論的には4通りの組み合わせができるから，〈タテ＋単一＝日本〉と〈ヨコ＋複数＝米・英・印・中〉以外のあと2通りの実例を探索する余地は残っている。

　書物のタイトルが一人歩きして中根説は1次元図式のような印象を与えるが，中味を読めば今述べたとおり素朴な2次元図式にもとづいていることが分かる。「素朴な」といったのは，ルーマン的な意味での双方向性が十分意識されているようには思えないからである。すなわち，日本が〈タテ＋単一〉で特徴づけられるとしても，タテを補完するヨコ要因，単一性をカバーする複数性というように対立項もまた見いだされるのではないかと反省してみるところまではいっていないのである。

　②　次に土居氏の所説の検討に移ろう。興味深いことに土居氏は前述の中根説を自己の説にひきつけて「中根千枝氏は日本的社会構造の特徴をタテ関係の重視として規定したが，それはまた甘えの重視として規定することもできるであろう。むしろ日本人の甘えに対する偏愛的な感受性が日本の社会においてタテ関係を重視させる原因となっているといってもよいかもしれない」（[8] 33頁）と本論のはじめに述べている。しかし，背景に2次元図式をもつ中根説とは異なり，土居説は1次元図式の性格を強く示している。

　日本語には「甘え」とそれに関連した多くの言葉があるのに欧米語には対応する語彙がない。このことから，日本では甘えがいわば公認され大手を振ってまかり通るのに対して，欧米では本来あるはずの甘えに相当する感情が十分解発されない。ごく簡単にいえばこれが土居説のエッセンスである。ただ，土居氏は自己の説を体系立てて学問的に論証しているわけではない。みずからの

インスピレーションとそれを支持する数多くの材料を提示してみせた，というのが率直な印象である。「一般向けの書物」だからそれでよいとも言えるが，「専門的な論文の内容を一般読者にわかるようにやさしく噛み砕いて説明したいという趣向」（[9] 210 頁）がある以上，自説の核心部分をもう少し丁寧に順序立てて説明してほしかった。

さて，本論を読むかぎり土居説は「甘え」という単一のキーワードに依拠した純然たる 1 次元図式であり，タテとヨコのような 2 項対比は登場しない。つまり「甘え」と対をなす概念は出てこない。しかし角度を変えて眺めると，この 1 次元図式の背景に 2 次元図式が見え隠れする。たとえば続編（[9]）の最終章第 2 節で，人間理性とそれにもとづく自立を信ずる西洋近代においては人間性に具わる幼児性がきびしく監視される結果「甘え」は屈折したかたちで現われるのに対し，日本では「甘え」はふつう自分たちに内在するものとして受け取られ，もともとは大人でも子供でも甘えると思われていた，と述べるあたりに 2 次元図式の影が浮かびあがる。土居氏は「当座は〈甘え〉をもっぱら日本的特長のように考えた。しかしその中に，これは単に日本的あり方の指標というよりも，もっと人間性の根本に関わるものを示していると考えるようになった」（[9] 214 頁）。言いかえると，「甘え」は日本語に特有のものであるが，この語に含まれる概念は普遍的であり，日本人ばかりではなく，非日本人にも適用されうると思い至ったのである（[9] 212 頁）。とすれば，1 次元図式という表面的印象は改められねばならない。すなわち土居説は，日本語で「甘え」と表現される幼児性を解き放つ（日本）か抑え込む（西洋）かという 2 次元図式なのである。

③　浜口氏の著書はここでとりあげる三冊のうちでは刊行年が最も新しく，先行の二冊を意識していわば差別化をはかる。すなわち，ルース・ベネディクト，中根千枝，土居健郎らの日本論は「総じて〈日本らしさ〉を完全に描出しているとは言い難い。というのも，日本人の社会的行為を規制しているもっとも基底的な原理を不問にしたまま日本を論じているからである」（[11] ⅰ頁）として，「この書の全体を通して，日本論の方法論的パラダイムの革新をはかりたい」（[11] ⅲ頁）と意気込む。ここから当然期待されるのは，学問的著作としての体系的な論述であるが，あちこちの新聞・雑誌等に書いた記事を「読者のご寛恕」の限界を超える重複を厭わず寄せ集めた本書にそれを期待するのは無理である。いずれにせよ間人主義についての著者の見解は第4章までにほぼ出尽くしていると言ってよい。

　従来の日本論は「方法論的個人主義」の立場から西洋の個人主義に対して日本を集団主義で特徴づけてきたが，日本社会を分析する適切な出発点は自律的な行動主体としての個人ではなく，「人間関係の中で初めて自分というものを意識し，間柄を自己の一部と考えるような存在」（[11] 5-6頁）つまり"間人"であると浜口氏は主張し，「方法論的個人主義」から「方法論的間人主義」への視点切り替えを促す。「方法論的間人主義」の視点に立てば，個人主義対集団主義という2項対比に代わって個人主義対間人主義の対比が浮かびあがる。そしてこの新しい2項対比は，自己中心主義－相互依存主義，自己依拠主義－相互信頼主義，対人関係の手段視－対人関係の本質視，という3組の2項対比に分解しうる（[11] 13-14頁，148-151頁）。「〈間柄〉という日本人の対人関係の在り方と，〈社会関係〉という西洋人のそれとは，まった

く対照的である。後者は、個人と個人との間の相互作用を要素として成り立っている。つまりミクロのサイドから出発して関係性を規定しようとする。それとは反対に、前者では、対人関係の全体システムから出発して、各個の関係を有機的な連関の中で眺めようとする」（[11] 26頁）。この視角の違いこそ、浜口氏をして「方法論的パラダイムの革新」に駆り立てたものなのである。

以上のごく簡単な要約からも分かるように、浜口説は「個人主義対間人主義」という2次元図式にもとづいており、しかもそれは次節でふれる「厳密な意味での2次元図式」ではなく、複数の2次元図式に分解可能な、いわば合成された2次元図式である。著作のタイトルは1次元図式を予想させるかもしれないが、浜口氏はむしろ2次元図式そのものの修正を説いているのである。

3-3 2次元図式から4次元・16次元図式へ

3-3-1 社会のマクロ図式

前節で、1次元図式は2次元図式のいわば見かけ上の姿であり、おそらくほとんどの1次元図式は2次元図式として解釈し直すことができるだろうとの見通しが得られた。

その2次元図式であるが、これは改めて指摘するまでもなく、社会科学の至る所でお目にかかる最もなじみ深い図式である。マクロ的な社会（全体社会）の類型化を意図したものに限っても、テンニースのゲマインシャフトとゲゼルシャフト、デュルケームの機械的連帯と有機的連帯、スペンサーの軍事型社会と産業型社会、といった古典的事例をはじめ、閉じた社会／開いた社会（ベルグソン）、冷たい社会／熱い社会（レヴィ＝ストロース）、経済

を埋め込んだ社会／経済に埋め込まれた社会（K. ポラニー）等々まさに枚挙にいとまがない。けれどもこれらすべてが厳密な意味での 2 次元図式と言えるかどうかは疑問である。ここで「厳密な意味での 2 次元図式」とは，複数の 2 次元図式に分解することはできず，しかもあらゆる対象（今のばあいは社会）が当該の 2 項を両極とする軸（スペクトラム）の上のどこかに位置づけられるような 2 次元図式を指している。具体的な例で説明するなら，たとえばルース・ベネディクトの「恥の文化／罪の文化」という説明図式は日本文化とキリスト教文化を対比させるためのものであり，日本以外の非キリスト教文化は視野の外にあるから，厳密な意味での 2 次元図式ではない。また，たとえば二つの 2 次元図式 A／B と C／D を組み合わせて，現実に見られる優勢な組み合わせが A ＋ C と B ＋ D であることから，AC／BD という 2 次元図式を構成したとしよう。この図式は A ＋ D や B ＋ C が出現する可能性を排除できないかぎり，やはり厳密な意味での 2 次元図式とは言えない。ベルグソンの「閉じた社会／開いた社会」を例にとると，この 2 次元図式は「閉じた道徳／開いた道徳」および「静的宗教／動的宗教」という二つの 2 項対比を含んでいる。ベルグソンは「閉じた道徳＋静的宗教」と「開いた道徳＋動的宗教」を必然的結びつきと見ているようであるが，もし「閉じた道徳＋動的宗教」あるいは「開いた道徳＋静的宗教」という組み合わせが起こりうるなら，（ベルグソンにとっては重大事ではないだろうが）「閉じた社会／開いた社会」は厳密な意味での 2 次元図式ではなくなる（[7] とくに第四章。なお，ベルグソンとレヴィ＝ストロースの図式にかんしては，佐藤光 [60] 153-174 頁を参照）。

上にあげた図式のひとつひとつについて厳密性を検討するのは，本章の主旨からそれるので省くことにするが，いずれも練り上げられた図式であり，検討作業をおこなうにしてもそれなりの慎重さが求められるであろう。ちなみにパーソンズは，テンニースのゲマインシャフト／ゲゼルシャフトという2次元図式の背後に多数の独立に変化する2次元図式が隠されていることを見抜き，ここから次項でふれる「パターン変数」のアイデアに到達したという（[52]訳第5分冊74-90頁「付論 ゲマインシャフトとゲゼルシャフトに関するノート」; [57]訳I 54-55頁）。

3-3-2 社会のミクロ図式

2次元図式の例として上ではまずマクロ的な社会の類型化図式をとりあげたが，次に視点を変えてミクロ的な類型化図式と呼びうるものに注目してみよう。なお，ここでミクロという表現は経済学のケースを援用して，全体社会（マクロ）を構成する要素レベルを指すものとする。何をもって全体社会の要素とみなすかは論者により，また文脈により，ひととおりではないが，さしあたり筆者の関心にひきつけて，「行為」ないし「コミュニケーション」をそれぞれ全体社会の要素ととらえるパーソンズおよびルーマンの理論図式をとりあげる。

a）パーソンズ：パーソンズの図式の最終的な姿は，亡くなる前年に関西学院大学でおこなった講演・講義の記録『社会システムの構造と変化』に要約的に示されているので，これを主に参照しながら見ていこう。図式は入れ子式に何段階にもなっているが，最も拡張されたものは「人間の条件の一般的パラダイム」と

呼ばれ，図1のような構成になっている（[55] 27頁，第4図）。当面の対象である社会システムは，行為システムの「統合的サブシステム」と位置づけられており，そのことから分かるように社会システムの要素は行為，正確には相互行為である。念のため『社会体系論』(1951) の冒頭に立ち返ると，「〔本書の議論の〕基本的な出発点は，行為の社会体系（システム）という概念である。いいかえれば，個人行為者たちのあいだで，相互行為がおこなわれる条件を考えると，そういった相互行為の過程を科学的な意味での一つの体系（システム）とみなすことができる」（[53] 訳9頁：〔　〕内は引用者の補足）と記されている。

図1　人間の条件の一般的パラダイム

（手段－充足）

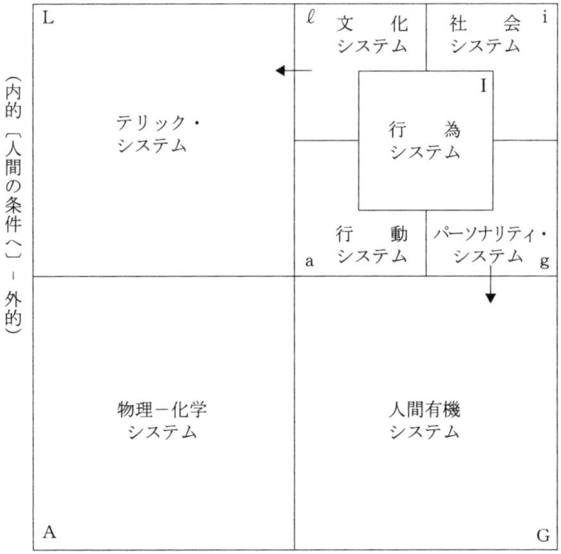

	L	ℓ 文化システム	社会システム i
（内的〔人間の条件へ〕－外的）	テリック・システム		I 行為システム
		行動システム a	パーソナリティ・システム g
	物理－化学システム		人間有機システム
	A		G

パーソンズの社会システム論にかんしては，システム存続のための要件を適応（A），目標達成（G），統合（I），潜在的な価値パターンの維持と緊張処理（L）という4機能に整序したAGIL図式がよく知られている。この4機能図式の原型をつくったのは，小集団における相互行為過程を分析したR.F.ベイルズであり（くわしくは[63] 160-172頁を参照），彼はあれこれ考えた末に，相互行為システムにとって最小限4種類の「機能的問題」が不可避的なものとして残るという結論に到達した（[3] p.127）。それゆえ，そもそもの成り立ちからしてAGIL図式は2次元図式に分解できない（つまり2×2ではない）本来的な4次元図式なのである。ところがその後，パターン変数と関連づけられることによってベイルズの四つの機能的問題は二分法の組み合わせという体裁をとる。そして最終的には，4組の2項対比で与えられたパターン変数のすべての組み合わせ（16通り）が行為システムのサブシステムのサブシステム（全部で16個ある）のひとつずつに割り当てられて図2のような対応ができあがる。図2は『社会システムの構造と変化』の第8図（81頁）をそのまま示しており「行為システム」という表現はないが，パーソンズは「型の変数(パターン)は行為システムの構造およびシステム間の関係の下に横たわり，基礎をつくっているメタ・アクション・カテゴリーである」（[55] 90頁）と見ているのだから，図2は図1の右上区画の「行為システム」を16分割したものと解釈してよいだろう。少なくとも図2の右上4区画が「社会システム」に対応することは，『経済と社会』の第一章末尾の「術語についてのノート」の記述からも明らかである（[57] 訳I 59頁）。

3-3 2次元図式から4次元・16次元図式へ　57

図2　型の変数

対象への指向

(L) ℓ　　　　　　　　　i
型|無限定性|情緒性|
の|中立性|無限定性|
維|（委託）|（加入）|
持|中立性|限定性|
　|限定性|情緒性|
　|（利用）|（消費）|
　a　　　　　　　　　g

統合的基準

i　　　　　　　　　ℓ (I)
|無限定性|資　質|統
|特殊性|中立性|
|（統合）|（型の維持）|合
遂　行	普遍性
情緒性	限定性
（目標達成）	（適応）
g　　　　　　　　　a

適応の場面としての
環境的対象の象徴化

a　　　　　　　　　g
遂　行	特殊性
中立性	限定性
（認識的意味）	（感情表出的）意味
適|普遍性|資　質
無限定性	情緒性
応|（実存的意味）|（道徳－評価的）意味|
(A) ℓ　　　　　　　　　i

状況における対象の
様相

g　　　　　　　　　ℓ
|遂　行|普遍性|
|特殊性|遂　行|
|（カセクシス）|（利用）|目
|特殊性|資　質|標
|資　質|普遍性|達
|（同一化）|（尊敬）|成
i　　　　　　　　　ℓ (G)

　社会システムの要素つまり行為のレベルでは，パターン変数が重要な分析用具になることが示唆されたが，ではパターン変数とはいったいいかなるものなのか。この点にかんしては筆者がパーソンズ理論に熱中していたころ書いた簡潔な説明があるので，それを再掲しておこう（ただし，各変数名の訳語は図2に合わせて一部改めている）。

　「パーソンズは行為にさいしての客体類別と客体への態度（指向）の二分法的パターンないしディレンマをパターン変数図式として定式化した。それによると客体類別は普遍性／特殊性（universalism vs. particularism），遂行／資質（performance vs. quality）の二つの軸で行なわれる。前者は客体を普遍的な規準にもとづいて扱うか，主体との特定の関係にもとづいて扱うかの区別であり，後者は客体をその業績でみるか属性でみるかの区別である。医師を例にとると，患者をコネの有無にかかわりなく公平に診るか，コネのある者を優先的に診るかは普遍性／特殊性の軸に，また診察時の患者の症状や告知に注目するか，患者の体質や性格に注目するかは遂行／資質の軸に，それぞれ対応しているといえよう。一方，客体への態度は限定性／無限定性（specificity vs. diffuseness），情緒性／中立性（affectivity vs. affective neutrality）の二軸で類別される。前者は客体の限られた側面にだけ関心を寄せるか，多面的な関心を寄せるかの区別であり，後者は客体にたいして情動的な態度をとるかとらないかの区別である。ふたたび医師を例にとると，患者の診療に専念するか，患者である人間との個人的な用件をあいだにはさむかは限定性／無限定性の軸に，また患者についての個人的な好き嫌いを診療行為のさい表現するか否かは情緒性／中立性の軸に対応しているといえよう」（[15] 77頁）。パターン変数にはもうひとつ，自己指向／集合体指向（self-orientation vs. collectivity-orientation）というペアがあるが，これは集合体とその成員の関係を規定するものであり，成員間の相互行為の様式には直接のかかわりをもたないので，さしあたりとりあげない（[57] 訳I 58頁参照）。

以上の説明から分かるように，パターン変数図式の中味は4（ないし5）組の2項対比であり，パーソンズはその4組の2項対比——それぞれの2項対比は厳密な意味での2次元図式になっているが——から得られる16次元の表を行為の類型化図式（図

2）に仕立て上げたのである。行為をもっぱら社会システムの要素とみるかぎり，この類型化図式は社会システムの 16 個の下位システム(サブ)を示していると解したくなるが，先に見たように 16 個のうち 4 個だけが社会システムを構成する。行為は社会システムの要素という側面以外の側面，すなわち，パーソナリティ・行動・文化の各システムの要素という側面，を持っているとパーソンズは考えるからである。そしてこの見方に従えばルーマンも誤りをおかしていることになる。パーソンズいわく，「私はルーマンが行為の一般理論の異なったサブシステムの区分に失敗しているため，彼の説明には重大な困難がひそんでいると確信するように成りました。…ルーマンはすべてのことを社会システムとして処理しており，文化システムを社会システムとは別個なものとして論じていません」（[55] 34-35 頁：傍点は引用者の付加）。たしかにパーソンズの図式構成に即するならルーマンはシステムレベルを混同していることになろうが，ルーマン自身の図式に照らしてみればなんら問題がないばかりか，パーソンズ図式にまつわる錯雑性からも解放される。この点を次に確認しておこう。

b) **ルーマン**：ルーマンは 3 次元図式のところで本格的にとりあげるが，ここでは彼の 2 次元・4 次元の図式について概観する。

ルーマンによれば社会システムの要素はコミュニケーションであり，最上位の社会システムとしての全体社会（Gesellschaft）はあらゆるコミュニケーションを包含しているものとされる。すなわち，「コミュニケーションとして生ずることはなんであれ，その事実によって全体社会を体現しており，同時に全体社会を再

生産しているのである。したがって全体社会の環境の中にも，環境との間にもコミュニケーションはありえない」（[37] 訳 38 頁）。パーソンズのばあい，社会システムの要素である行為は他のシステム（パーソナリティ・行動・文化の各システム）の要素にもなっていたが，ルーマンのばあいにはそうした重複は排除されており，だからこそ「すべてのことを社会システムとして処理」できるのである。

ルーマンの 4 次元図式としてしばしば引用されるのは，コミュニケーション・メディアの類型を示した図 3 である。ルーマンのばあい，コミュニケーションは「情報」，情報の「伝達」，情報の「理解」の 3 極から成り，この 3 極はいずれもなんらかの選択をともなっている（というより選択そのものである）ので，「コミュニケーションは…3 極の選択過程とみなされなければならない」（[35] 訳 219 頁）。いま情報の受け手を自我，伝達する側を他者とし，この二者から成るコミュニケーションのシステム（これも社会システムにほかならない）を考えると，伝達する側，受け手側それぞれについて，選択が当のシステムに帰責（zurechnen）されるかシステムの環境に帰責されるか，にもとづいて選択状況が四つに区分される。これを示したのが図 3 であり，各区分にはそれぞれの状況で用いられるメディアの例があげられている（よりくわしくは，[15] 73-77 頁参照）。注意すべきは，あげられたメディアはあくまでも代表的ないし典型的な例にすぎず，ほかにもさまざまなメディアがありうるという点である。しかしメディアがいくつあろうと，それらはすべて四つの区分のいずれかにはいるというのがルーマンの図式の主旨である。これに対してパーソンズの「交換メディア」は上記 A・G・I・L 4 機能のそれぞれ

に特化した貨幣・権力・影響力・価値コミットメントの4種に限定されており，なぜこの四つしかないのかという疑問を払拭できない（動きのとれない4次元図式にこだわるパーソンズは，先にふれたルーマン批判で，フレキシブルな4次元図式においてたまたま名前のあがった4メディアをそれだけとりあげて，自己の排他的4メディアとの不一致を論難するのである）。

図3 選択状況とコミュニケーション・メディア

	自我の体験	自我の行為
他者の体験	真　　理	愛
他者の行為	所有権／貨幣 芸　　術	権　力／法

　ルーマンにはもうひとつ，複雑性を分類した4次元図式がある（図4：[10] S.301 の図に筆者が矢印を付加した）。これもメディア類型化の図式と同様，2軸を交差させた2×2図式であるが，とくに「システム／環境」の軸に注目すると，この軸はメディア類型化図式（図3）と共通であることが分かる。図4では複雑性の在処(ありか)を，図3では選択の帰責先を，それぞれ2分しているのである。このことからも見てとれるように，ルーマン理論においては「システム／環境」という2次元図式が基底的な意味をもち，図3や図4に示した4次元図式はむしろこの基底的2次元図式の系なのである。いずれにせよルーマンにはパーソンズのように4次元へのこだわりは見られない。パーソンズのばあいには，のちに2×2に分解されるとはいえ，初めに唯一の4（つまりA・G・I・L）ありきだったのに対し，ルーマンにとっては基底的2次元図式にもうひとつの2項対比を交差させることで，あと

からさまざまな4が派生するといった趣なのである。ルーマンの真骨頂は，システム／環境2次元図式を基礎に据えて，事象・時間・社会の3次元図式を駆使するところにある。

図4　縮減と規定を通じた複雑性の分類

	環　　境	システム
	―縮　減→	
未規定の／規定不可能な	未規定の／規定不可能な環境複雑性 ｜ 規（世界）	未規定の／規定不可能なシステム複雑性 ｜ 規（潜在的な構造と過程の領域）
規定された／規定可能な	定　規定された／規定可能な環境複雑性 ↓（システム相関的な環境投企）	定　規定された／規定可能なシステム複雑性 ↓（顕在的な構造と過程の領域）
	―縮　減→	

3-4　3次元図式の魅力

3-4-1　4から3へ

方角，四季から血液型に至るまで4という数字はわれわれの生活のさまざまな局面に登場する。4は世の中を秩序づける基本的な数のように思え，とりわけ4が二つの2項対比を交差させて得られるばあい，社会の説明図式として一層説得力を増す。この説得力を最大限活用したのがパーソンズであり，彼は例の AGIL 4次元図式をいわば万能の道具に見立て，「人間社会にかんする一切の諸概念の統一ある配置表を，しかも不断にひろがりゆく配置表をつくろうと」（西部［51］175頁）したのである。

ここで話はいささか飛ぶが，筆者の学生時代には4輪自動車は

まだ普及途上にあり，日常的な荷物輸送の主役はむしろ3輪自動車（オート三輪）であった。たまたま下宿の引っ越し荷物を運ぶさいその助手席に便乗することになったのだが，運転が荒っぽくかなりのスピードを出すので，いつ振り落とされるかと生きた心地がしなかった。運転席がオープンなこともあって，1輪の前輪にオーバーハングした部分の不安定感は4輪の安定感と対照的であった。がともかく3輪車は走行中も停止中も倒れることはない。2輪・1輪では停止中支えがないと倒れてしまう。この事実を社会全体におし広げると，不安定性をはらみながらも自立的に存続する社会の基本的次元数は3ではないか，4は安定しすぎで現実社会にそぐわないのではないか，との着想に至る。じっさい，過去・現在・未来，陸・海・空，固体・液体・気体，3色性（3原色）など，3もまた世界の秩序を表現するキーナンバーとしてしばしば登場する。ただし，宗教の領域になると，仏教の「三界」とかキリスト教の「三位一体」とか話が込み入るので，ここでは立ち入らないことにしよう。また，知・情・意や真・善・美といったよく用いられる3分法の妥当性もさしあたり論じない。人間の精神作用や価値が社会秩序に大いにかかわることは疑うべくもないが，いきなりそうした領域に踏み込むと泥沼に足をすくわれるおそれがあるからである。

　さて，社会の説明図式の次元数として3をとったとき，なぜ2や4でなく3でなくてはならないのかの理由づけが必要となる。たまたま思いついたのが三つでは困るのである。4，8，16など2の累乗のばあい，交差させるそれぞれの2項対比にそれなりの意味があれば，できあがる4次元，8次元等の図式も一定の説得力をもつのだが，3次元のばあい一見すると2項対比には頼れそ

うにない。社会を説明する図式において3が基本的な次元数であることをいかにして納得させうるのであろうか。

3-4-2 2×2＝3？

次元数3を根拠づけるという今述べた問題の解決に願ってもないヒントを与えてくれるのが，レヴィ＝ストロースの「料理の三角形」と題する論文である。レヴィ＝ストロースによれば料理の基本的カテゴリーは《なまもの》，《火にかけたもの》，《腐ったもの》の三つであり，「《なまもの》はマークのない極をなし，その他の二つは，はっきりと，しかしたがいに対立する方向で，マークがあるということは明らかである。実際，《火にかけたもの》は《なまもの》の文化的変形であり，これに対して《腐ったもの》は《なまもの》の自然の変形である。そこで，元になる三角形の基盤には二重の対立があり，それは一方では，《手を加えたもの》/《手を加えてないもの》，他方では《文化》/《自然》の対立なのである」([26] 訳44頁)。ちなみにここでは，《腐ったもの》は《自然》のなりゆきに従って《なまもの》に手を加えた産物と定義されている([26] 訳56頁)。

注目すべきは，この「料理の三角形」が二つの2項対比を交差させて得られていることである。2×2＝4となるところが2×2＝3になっている。なぜそうなるのかといえば，はじめの2項対比《手を加えたもの》/《手を加えてないもの》で，《手を加えてないもの》（＝マークなし）の極におかれると，必然的に2番目の2項対比《文化》/《自然》が適用されないからである。要するに，最初の2項対比が「次にくる2項対比が適用される/されない」という対比を内容的に合わせもっていれば，二つの2項対

比の交差は3項を生み出す（つまり2×2＝3となる）のである。身近な例をいくつかあげてみよう。天・地・人という3区分は順位づけを示す語として昔から使われているが，これはたとえば，「空間的に無限／有限」という軸で天／地・人が分けられ，「境界が不可視／可視」という軸で地／人が分けられたとみることができる（他の分け方もありうるが）。三権分立の立法・行政・司法についてはどうであろうか。国権作用（統治機能）のうち立法と司法を除いたものを行政と定義するなら，三権は国権の全体をカバーすることになる。ここで複雑性の処理という観点を入れると，法はいわば複雑性処理のための道具であり，立法はその道具の制作ないし準備にほかならない。一方，行政が取り扱うべき事項は法によって規定されるから，そのかぎりで法は行政のために複雑性を縮減している。言いかえると，行政は法によって規定された複雑性を処理すべき立場にある。これに対して司法は無限の未規定な複雑性を法によって処理することを期待されている。じっさい，情報・通信技術の急速な発達，臓器移植・遺伝子操作など医学・生物学上の新手法の開発，といった事態は，以前には予想もできなかった争点（issue）をつぎつぎと生み出し，それらが司法判断に委ねられるケースは急増している。こうして立法・行政・司法の3区分は，さしあたり歴史的な分立過程を離れて事後的に解釈するなら，「複雑性を直接処理する／しない」という2項対比に「処理する複雑性が規定されている／規定されていない」という2項対比を交差させて得られたものとみなしうる（図5参照）。

図5　三権分立

複雑性を			
処理する			処理しない
複雑性が	規　定	行　政	立　法
	未規定	司　法	

3-4-3　ルーマンの3次元図式

　ルーマンは早くから（1960年代の著作ですでに）事象次元・時間次元・社会的次元という3次元区分を用いている。『社会システム理論』(1984)では「意味」概念にかかわらせてこの三つの次元の立ち入った考察をしているが，注目すべきはそれに先だって事象性・時間性・社会性を世界次元（Weltdimensionen）を表わすものと考えたいと言っている点である（[35]訳112頁）。それゆえルーマンにとって事象・時間・社会の3次元はたまたま選ばれた三つの次元ではなく，この三つで世界全体をカバーしうるという意味で，2でも4でもなく，またほかの組み合わせの3でもない，まさにこの組み合わせでなくてはならぬ3なのである。しかし，なにゆえ事象・時間・社会の三つなのかの明確な説明はルーマンの著作には見あたらない。そこで，前項の2×2＝3の論法で説明できるかどうかこころみてみよう。

　まずあらかじめ誤りを避けるために，「事象次元と社会的次元との区別は，自然と人間との区別と誤解されてはならない」（[35]訳124頁）というルーマンのことばを頭に入れておこう。そもそも事象次元はコミュニケーションのテーマにおける「これ／

これ以外のもの」，さらには「内部／外部」の差異を問題にするのに対して，社会的次元は「自己／他者」といったコミュニケーション当事者間における違いを問題にするのである。残る時間次元が「事前／事後」ないし「過去／未来」の違いを問題にすることは容易に分かるであろう。そのうえで，ルーマンのばあい社会はコミュニケーションを要素とするシステムであり，コミュニケーションは情報・伝達・理解の3段階の選択（＝複雑性縮減）から成るというすでにふれた点を想起しよう。この3段階のそれぞれにおいていかなる差異が問題になるのか，あるいはいかなる差異＝区別を設けるのか，を考えると，情報・伝達・理解は順にコミュニケーションの事象次元・時間次元・社会的次元に対応していると見当がつく。そのさい鍵となるのは，ルーマン理論において基底的な意味をもつ「システム／環境」という2項対比である（3-3-2項b参照）。

(1)「情報は，…（既知または未知の）諸可能性のレパートリーからの選択である」（[35]訳219頁）とルーマンが言うように，「情報」は膨大な事象あるいは出来事の中から何かをすくい取り他は捨て去るという作業なしにはありえない（くわしくは**第5章の5-3節**参照）。情報を情報たらしめるのに不可欠な区別は，コミュニケーションのシステムにすくい取られるかシステム外（＝環境）に捨て去られるかの区別である。ここで問題になっているのはまさに「これ／これ以外のもの」（すくい取る／捨て去る），「内部／外部」（システム／環境）の差異であるから，対応する次元が事象次元であることは明らかである。「情報」という言葉を隠していえば，コミュニケーションの事象次元とは「取る／捨てる」および「システム／環境」という差異の設定にほかならな

いのである。

(2) 情報が伝達されないままであれば、コミュニケーションのシステムは始動せず、いわば待機状態にとどまる。「伝達」とは情報をコミュニケーションのシステム内に引き込んでシステムを始動させることであり、事象次元ですでにおこなわれた「システム／環境」および「取る／捨てる」の両差異設定を前提とする点で、環境から自立したシステム内選択といえよう。もちろん、（コミュニケーションの第三段階である）「理解」が得られずコミュニケーションに失敗するケースも起こりうるが、たとえ失敗するにせよ、コミュニケーションが始動したという事実は「伝達」の段階で生まれ、もはや消すことはできない。つまりこの段階でコミュニケーションのシステムはみずからの歴史を刻むのである。「伝達」が時間次元に対応するゆえんはここにある。

(3) コミュニケーションにおける「理解」は、情報を伝達する者と伝達される者の存在を前提にしているから、「理解」が「自己／他者」の差異にかかわる社会的次元に対応することは容易に理解できよう。「理解」がコミュニケーション段階において「伝達」の次にくることから、「理解」はシステムの存在（＝「システム／環境」差異の存在）を当然の前提としているかのようであるが、話は逆である。むしろ「理解」がシステム（ないし「システム／環境」差異）の存在の前提になっているのである。このことは「不理解」や「誤解」がコミュニケーションの不成立ないし失敗、言いかえるとコミュニケーション・システムの消滅、をもたらしうる点にも垣間見えるが、そもそも「理解」という問題は、コミュニケーション・システムに先んじて存在する「自己／他者」の差異が生み出したものであり、前章でダブル・コンティンジェン

シーとかかわらせて論じた社会システム（＝コミュニケーション・システム）の成立・不成立という問題の一環をなすものなのである。

このように事象・時間・社会の3次元をコミュニケーションの3段階である情報・伝達・理解に結びつけると，先の「2×2＝3論法」が適用可能となる。すでに示唆されているように，出発点となる2項対比は「システム／環境」であるが，実際に交差させるのは「システムの存在を前提する／前提しない」という2項対比と「環境と連結している／環境から分離している」という2項対比である。前者は「〈システム／環境〉差異の存在を前提する／前提しない」，後者は「環境に対する開放性／環境に対する閉鎖性」とそれぞれ表現してもよい。前者の2項対比を適用すると，情報・伝達／理解，したがって事象・時間／社会の区分が生まれ，次に後者を適用すると情報／伝達，および事象／時間の区分が生まれる（図6参照）。

図6　ルーマンの3次元

〈システム／環境〉差異の存在を		
前提する		前提しない
環境に対して	開放（連結）	情報［事象次元］	理解[社会的次元]
	閉鎖（分離）	伝達［時間次元］	

以上で事象・時間・社会というルーマンの次元設定の必然性が間接的ながら確認された。そこで最後にエクササイズとして，この3次元と「2×2＝3論法」のルーツ「料理の三角形」との対

応関係にふれておこう。「料理の三角形」の《なまもの》に相当する位置にくるのは「社会的次元」だと思われる。すなわち，料理の出発点に《なまもの》があるように，社会システムに先んじて「自己／他者」の差異がある，という対応である。「事象次元」はおそらく《火にかけたもの》に対応するであろう。火にかけるさいには，何を火にかけたらよいかで《なまもの》の中での選別（選択）がおこなわれるはずであり，この選別は事象次元にかかわる「これ／これ以外のもの」という差異をつくり出すからである。また，納豆やチーズ，ワインそして鮒寿司などに「寝かせる」ということばがあるように，腐敗（ないし発酵）には時間が必要であるから，《腐ったもの》（発酵したもの）と「時間次元」の対応もつけられそうである。

3-4-4　3次元図式のおもしろさ—棄却値動因説の提示—

オート三輪からスタートしてレヴィ＝ストロースを経由しルーマンに至る本節をふり返ってみると，3次元図式には2次元や4次元の図式にはない興味深い特徴があることに気づく。2次元図式や4次元図式では各項（2次元図式なら2項，4次元図式なら4項）のあいだに序列はないのに対し，3次元図式では1項が他の2項とは違った位置づけになっているのである。オート三輪のばあい，ふつう前輪がひとつ，後輪が二つであったから（逆配置の車両もまれに見かけたが），動力のかかっていない前輪が特別の位置を占める。「2×2＝3論法」のあてはまる3次元図式のばあい，第一段階の2項対比で第二段階の2項対比の適用されぬ側に回ったものが特別項である。「料理の三角形」の《なまもの》，国権（三権）のうちの「立法」，ルーマン図式の「社会的次元」が

それにあたる。もちろん,「2×2＝3論法」とは無関係に導かれた3次元図式には3項が同格というケースもありえよう。しかしそうした図式が,なぜ3次元であって2次元や4次元ではないのかを納得させる代替的な論法を示さないかぎり,3項同格のケースを1項別格のケースより重視すべき理由はない。

ここで筆者の頭をよぎったのは,ルーマンの著書に出ていたゴットハルト・ギュンター (Gotthard Günther) の論理学である。今まで「2×2＝3論法」と呼んできたものは,じつはギュンターのいう「超言」(transjunction) と「選言」(disjunction) を組み合わせたものにほかならないのである。すなわち,第一段階の2項対比が含意する「第二段階の2項対比が適用される／されない」の対比は,第二段階の2項対比から見れば,当の2項のどちらなのか（＝選言）というレベルを超えて,そもそも当の2項対比を受け入れるか拒絶（ないし無視）するかという話（＝超言）なのである (Luhmann [37] 訳 71-72 頁参照)。第二段階の2項対比（＝区別）を受け入れないという立場はギュンターの用語では棄却値 (Rejektionswert) と呼ばれているが,ルーマンの3次元図式でいえば第二段階の2項対比は「環境に対する開放性／環境に対する閉鎖性」であったから,全体としてとりうる立場は肯定値としての「環境に対して開いている」（＝否定値としての「環境に対して閉じていない」）,否定値としての「環境に対して開いていない」（＝肯定値としての「環境に対して閉じている」）,棄却値としての「そもそも〈システム／環境〉差異の存在を前提していない」の3通りとなる。

本節の最初に (3-4-1 項)「不安定性をはらみながらも自立的に存続する社会の基本的次元数は3ではないか,4は安定しすぎ

で現実社会にそぐわないのではないか」と書いたが，3次元図式における別格の1項すなわち棄却値こそ，良くも悪くも社会を変動させる力の源泉と言えるのではなかろうか（この主張を仮に「棄却値動因説」と呼ぶことにしよう）。身の回りを見ても，AかBかをめぐって決着がつかないとき，AかBかの選択そのものを放棄することで問題がうまくおさまるケースは珍しくない。分かりやすい例をあげてみよう。近年「平成の大合併」と称して全国各地で新自治体が多数誕生するなかで，しばしば新市町村名と庁舎の位置が問題になった。互いに譲らず合併がご破算になったケースも耳にするが，数年交代で旧自治体間で庁舎を移転させるとか，旧自治体名を並列して新市町村名にするといった苦肉の策も目につく。これらはまさに，AかBかの2項対比（C，Dと項がふえても，要するに並列的な項の対比であれば話は同じ）に固執したがゆえの帰結である。旧自治体間の選択という（狭い）考え方から脱却すればより良い答が得られるかもしれず，多くのばあいそうした道がとられている。庁舎を人口重心付近あるいは交通の便の良いところに置く（平成の大合併以前から青森・鹿児島・沖縄の3県には他市に庁舎を置いている町村がある）とか，旧市町村名とは無関係な新しい名前を考案する（センスの良い実例は少ないようだが）とかである。

　もうひとつ，1974年に自民党総裁（＝首相）の座をめぐって，話し合いによる選出を主張するF氏と投票による選出を主張するO氏の力が拮抗し，より力の弱いM氏をかつぎ出す「S裁定」によって決着がはかられたことがあったが，これなど「棄却値」による問題解決の見本といえよう。もっとも，F氏やO氏にとってみれば問題は解決などしておらず，それあってか「Mお

ろし」と呼ばれる動きが出てきてM氏は約2年で退陣し,そのあとF,Oの順で首相に就任するのだが(くわしくは,升味準之輔 [43] 235–319頁参照)。

　先にあげた3次元図式の例で,「料理の三角形」の「なまもの」,天・地・人のうちの天,立法・行政・司法のうちの立法が,それぞれのシステムのいわば本源的な動因になっていることを説明するのは困難ではないが,「なまもの」や天や立法以外の項を本源的な動因とする説明も可能と思われるので,ここではこれらの例が筆者の「棄却値動因説」によっても説明できるとだけ言っておこう。では,ルーマンの3次元図式で棄却値の位置を占める社会的次元についてはこの説はあてはまるのであろうか。前項 (3-4-3項) で,料理の出発点に「なまもの」があるように,社会システムに先だって「自己／他者」の差異があると述べたが,社会システムをコミュニケーションのシステムととらえるかぎり,コミュニケーションのにない手である自己と他者および両者の区別なしにはそもそもシステムが成り立たないことは明らかである。そして,この自己と他者の区別にかかわるのが社会的次元であった。それゆえ社会システムの本源的動因は,事象・時間・社会の3次元のうち社会的次元に存するといってよいのではなかろうか。

　1次元図式から始めてかなりの紙幅を費やしてしまったが,さしあたりの到達点を確認して本章を終えよう。
　2項対比を交差させた4次元,8次元,16次元等の図式が社会現象の説明にそれなりの力を発揮することはパーソンズ理論の示すとおりである。しかし,4の倍数の次元をもつ図式は安定志向と結びつきがちであり,社会の動態を描くには力不足の感があ

る。これに対して3次元図式は、3項が思いつきでアドホックに選ばれたのではなく、ゴットハルト・ギュンターの論理学でいう棄却値を含むかたちで2項対比を交差させて得られたのであれば（2×2＝3論法）、変動（ないし不安定）要因を内蔵した図式になりうる。ルーマンの事象・時間・社会の3次元図式はそのような図式と解釈でき、彼の理論にパーソンズ理論にはない強みを与えている。

第4章
経済システムにおける自己準拠と構造的連結

4-1 システムの閉鎖性と開放性

　前章（3-4-3項）では，コミュニケーションの3段階すなわち情報・伝達・理解を区分する軸が「システム／環境」差異に基礎をおくものであり，棄却値を含まないほうの軸は「環境に対する開放性／環境に対する閉鎖性」という2項対比であることが示された。社会システムはコミュニケーションを要素とするシステムであったから，コミュニケーションが環境に対して開いた段階（＝情報）と閉じた段階（＝伝達）を持つということは，社会システム自体が環境に対して開放性と閉鎖性の両面を持つことを意味する。社会システムはオートポイエティック・システムであるとルーマンがいうとき（序章[2]），ややもすれば「閉じた」イメージを抱きがちであるが，閉鎖性と合わせて開放性にも目を向けなければならない。これはルーマン自身がたえず注意を促している点でもある。

　本章では，前章における要素（＝コミュニケーション）レベルのいわばミクロの視点から，システム総体つまりマクロのレベルに視点を切り替えたうえで，閉鎖性と開放性の両面を視野に収めたい。具体的には経済システムと他の機能システムのあいだの関係に焦点を絞って，この二面を「自己準拠」および「構造的連結」

の両概念に依りつつ論じていこう。

4-2 自己準拠の三つの形式

　システムの環境に対する作動上の閉鎖性ひいては自律性を表わす自己準拠（Selbstreferenz）は，ルーマンの社会システム論で最も重要な位置を占める概念のひとつであるが，「この概念は，〈自己〉によって何が意味されるのか，また〈準拠〉がどのように把握されるのかに応じて，きわめて幅広く捉えることができるし，またそうしなければならない」（Luhmann [35] 訳51頁）[1]。まず，何を「自己」とみるかによって自己準拠には三つの形式ないしレベルが区別される（Luhmann [35] Kap.11, 村中 [48] 第三章）。社会システムに即していえば，(1) システムの**要素**であるコミュニケーションを自己とみる「基底的自己準拠」（basale Selbstreferenz），(2) すでに起こった，あるいはこれから起こりうる，コミュニケーション**過程**を自己とみる再帰性（Reflexivität）（過程的自己準拠），(3) **システム**そのものを自己とみる再帰（Reflexion），の三つである。

　では，それぞれの形式の自己準拠は具体的にどのようなかたちで現われると考えたらよいのであろうか。これに対する答はまさに「準拠」の解釈に依存するのだが，ルーマンの説明に沿って要点を示しておこう。第一の基底的自己準拠は，システムのオートポイエシスに不可欠な「要素の自己再生産」として現われる。すなわち，システムを構成している要素を要素みずからの手によって生み出し続けるという性質は，あるシステムを「自己準拠的」と呼びうる最低限の（つまり基̇底̇的̇）条件と考えられているので

ある。社会システムのばあい，コミュニケーションはコミュニケーションから生ずるしかない（経済システムであれば「支払い」というコミュニケーションは支払いから生ずるしかない）という点に，基底的自己準拠性を見てとることができる。

自己準拠をこの基底的レベルにとどめたのでは話がいささか平板になる。ここでルーマンは，まだ自己準拠がメイン・テーマになっていなかった頃（1966-67）の論文（[27], [28]）ですでに言及している「再帰性」を自己準拠のカテゴリーに組み入れる。当時，再帰性すなわち「過程の過程自身への適用」は，社会システムの複雑性縮減能力を高める戦略のひとつと位置づけられていたが，その特性を保持しつつ装いを新たに再登場したわけである。ちなみに，かつて再帰性の例としてあげられたのは，「ことばについて語ること，概念を定義すること，…金銭という形式で交換可能性を交換すること，そしてさらに，それを手がかりとして金銭需要を金融により賄うこと，生産手段を生産すること，権力者に対し権力を適用すること … 教育について教育すること，他人の信頼を信頼すること，研究について研究すること（方法論）」([30] 訳 234 頁）などである。今や再帰性は，コミュニケーション過程それ自体についてコミュニケーションするという一般的形式を与えられる。

自己準拠の第三のレベル Reflexion（再帰）は，システムが自分自身をふり返ること，つまり反省，とひとまずとらえておこう。「反省」ということばから通常思い浮かぶのは，まず自分で自分を見ることつまり自己観察であり，ついでその自己観察にもとづいて自己を評価し，その評価結果を自己の行動に反映させようとすることであろう。たとえば一日をふり返って，今日は陽が

高くなってから目覚めたが,どうも寝過ぎだったので明日は早起きしようと心に決める,などである。この例で自己は「陽が高くなって目覚めた」と「観察」するわけであるが,これをルーマンの「観察」の定義（[35] 訳 801-802 頁）に即して表現し直せば,「目覚め／睡眠」という区別のもとで「目覚め」をテーマにとった（＝表示した）うえで,もうひとつの区別「陽はすでに高い／陽はまだ高くない」のうち「目覚め」と結びつくのが「陽はすでに高い」の方であるという情報を獲得する,ということになる。なお,上の例で「陽が高くなって目覚めた」という観察を日記などに書きしるしたばあいには,その記録は「自己描写」である。自己描写は,たとえば印刷物のかたちで,規格化された観察を広範囲に流布せしめることを可能にする。

「再帰」にかんするルーマンの説明は例によって錯綜をきわめるのだが,以下のわれわれの議論にとっては,細部に立ち入ってみずからの所在を見失うよりは,この程度の理解にとどめておくほうがよいと思われる[2]。そのうえでもういちど自己準拠の三つの形式を眺めてみると,同じ「自己準拠」の名で呼ばれているとはいえ,三つは互いにかなり異質である。異質なものを同じ名前で括ることによって混乱を招いているという指摘さえある（河本 [21] 143 頁）。われわれはさしあたり,上述の三つの形式はともにシステムに自律性を与えその自律性を維持するはたらきをもつがゆえに共通の名で呼ばれるのだ,とゆるくとらえておこう。ゆるくとらえるといえば,ルーマンが「自己にのみ準拠し他の何ものにも拠らない」という意味での純粋自己準拠（これはトートロジーに陥る）は不可能であり,自己準拠はつねに他者準拠をともなわねばならない（mitlaufende Selbstreferenz）と繰り返し

強調している点にも注意したい（[35] 訳 814 頁），[37] 訳 3 頁）。オートポイエティック・システムとしての社会システムは作動上閉じているが，この閉鎖性（自己準拠）はシステムの環境へ向けての開放性（他者準拠）と相互補完関係にあり，両者相まってシステムの自律性が確保されるのである。

4-3 経済システムにおける自己準拠

前節ではルーマンに従って自己準拠の三つの形式を区別した。本節では経済システムのばあいに各形式がどのような姿で現われるのか検討しよう。

4-3-1 基底的自己準拠

基底的自己準拠は要素の自己再生産として現われるが，「支払い」を経済システムの要素とみるなら，たしかに経済システムはみずからを構成する要素をみずからつくり出し，かつ再生産している。なぜなら，支払いが貨幣でなされるかぎり，受け取った者もまた遅かれ早かれその貨幣を支払いに用いるからである。しかし，そもそも支払いが生じるにはそれを動機づける欲求がなくてはならない。欲求は経済システムにとって環境（＝外部）要因であるが，この環境要因がじかにシステムにはいり込むのではなく，価格というシステム内的変数に集約されたうえで支払いを動機づける（Luhmann [37] 訳 5-6 頁および春日 [16] 114-118 頁）。環境に対するこのような関係は経済システムの他者準拠にほかならない。かくして，基底的自己準拠のレベルですでに，自己準拠は純粋自己準拠ではなく，他者準拠をともなう自己準拠

(mitlaufende Selbstreferenz) でなくてはならないのである。

　「支払い」をシステムの基本作動（＝要素）と定めることで，ルーマンは経済システムにまず基底的な自己準拠性を見いだした。経済システムの要素として何をとるかは論者や論旨によって異なりうるが，経済システムを自己準拠的システムととらえようというのであれば，「支払い」を要素に指定することが議論のベース（基底）となる。自己準拠の他の二つの形式について論ずるさいにもこの要素指定は忘れないようにしたい。

4-3-2　過程的自己準拠（再帰性）

　「コミュニケーション過程それ自体についてのコミュニケーション」としての再帰性は経済システムにおいてどのように現われるのであろうか。ルーマンは経済にかかわる再帰性の例としてしばしば「貨幣という形式で交換可能性を交換すること」をあげており，自己準拠を主題とした『社会システム理論』第11章でも「交換関係において貨幣が主要な役割を演じるや否や，この交換関係は再帰的になる。貨幣というかたちで交換可能性が交換されるのである。貨幣を用いる交換にさいしては，意図しようがしまいが，交換過程についてのコミュニケーションが行なわれることになる」（[35]訳827頁）と述べている。なるほど貨幣を用いる交換では，まず交換可能性を体化した貨幣を入手し，それと交換に望むものを手に入れるという一種の迂回がおこなわれることで，物々交換よりもはるかに円滑な交換が実現する。これは言い古された貨幣の一般的交換手段としての機能である。しかし今や再帰性は，「（すでに起こった，あるいはこれから起こりうる）コミュニケーション過程それ自体についてコミュニケーションする

4-3 経済システムにおける自己準拠

こと」を指すのであるから、経済システムのばあいにはその表現は、「支払い過程について支払うこと」となるはずである。貨幣による支払いを前提としてより具体的に言い表わせば、「すでになされた貨幣支払いに対して貨幣を支払うこと」、もしくは「将来おこなわれる予定の貨幣支払いに対して貨幣を支払うこと」となる。容易に分かるように、貨幣の貸借つまり金融はこうした表現にぴったり当てはまる。いかに複雑・多様な形態を示そうとも、金融のエッセンスは「すでになされた融資に対して利子・利息・配当といった名目で貨幣を支払ったり、将来の利子・利息・配当などの受け取りを予定して融資したりする」ところにあるからである。

ルーマンはかつて再帰性の例として、「金銭という形式で交換可能性を交換すること」と「それを手がかりとして金銭需要を金融により賄うこと」とを並列していたが、オートポイエシス概念導入 (1980年代初め) 以後の理論水準に合わせるなら、前者はむしろ基底的自己準拠の前提条件とみるべきであり、過程的自己準拠 (＝再帰性) の名で呼ばれうるのは後者のみだと考えるほうが論理的にすっきりする[3]。そのうえでわれわれはもう一歩進めて、金融とはたんに再帰性の一例なのではなく、経済システムの過程的自己準拠 (＝再帰性) そのものを指すのだ、と考えよう。このいわば「金融の社会システム論的定義」はいささか突飛と映るかもしれないが、経済システムの自己準拠が貨幣の存在を前提にしているかぎり (それ以外に自己準拠はありうるのだろうか?)、おのずと行き着く定義であり、ルーマンの (錯綜した) 議論の整理にも資するものである。

基底的自己準拠のばあい、支払いの動機づけを環境に頼るとい

う意味で他者準拠が不可欠であったが，過程的自己準拠もまた他者準拠をともなうのであろうか。過程的自己準拠すなわち金融のばあいには「支払い過程について支払う」のであるから，傍点をつけた支払いの動機は直接的には「支払い過程」にある。借り手にとってこの「支払い過程」は融資を受けることであり，そのために利子・利息・配当などを支払うのである。一方，貸し手にとっての「支払い過程」は借り手が支払う利子・利息・配当などの受け取りであり，それをあてにして融資＝貨幣の支払いをおこなうのである。では，なにゆえ借り手は融資を必要としているのだろうか？　また貸し手はなにゆえ利子・利息・配当などをあてにするのだろうか？　融資であれ，利子・利息・配当であれ，貨幣はいずれ支払いに充てられねばならない（基底的自己準拠！）。融資は地震で倒壊した建物の再建に充てられるかもしれない。利子・利息・配当は老後の生活費に充てられるかもしれない。そうした財・サービスの購入に充てられるかぎり，間接的にではあるが，過程的自己準拠は環境に頼った動機づけつまり他者準拠をともなっている。言いかえると，融資や利子・利息・配当等の貨幣取得がケインズのいう取引動機にもとづいているかぎり，過程的自己準拠は他者準拠をともなっている。

　しかし問題は，投機的動機すなわち「将来起こることについて市場よりもよりよく知ることから利益を得ようとする目的」（Keynes［22］訳168頁）で融資を受ける（たとえば株や債券を買うために資金を借りる）ケースである。このばあいには，融資に対して融資がなされるのであるから再帰性は2段階となり，さらに「融資に対する融資に対する融資……」という具合に，段階はいくらでも積み上げうる。一般にデリバティブ取引と呼ばれて

いるものは，多段階の再帰性＝過程的自己準拠のオペレーションにほかならない。このようなケースでは，最終的に購入する財・サービスのイメージは希薄となり，貨幣取得自体を目的としたマネー・ゲームに陥りがちである。とすれば，過程的自己準拠はもはや他者準拠をともなわぬ純粋自己準拠に限りなく接近するのであろうか。もしマネー・ゲームが純粋自己準拠であるなら，それはトートロジーとなり，偶然によるほかはみずからを暫しも支え続けることができないはずである（Luhmann [35] 訳 814 頁を参照）。だが，現実にはマネー・ゲームは広くおこなわれており，必ずしも束の間に消え去るわけではない。

　ここで過程的自己準拠における「自己」が「支払い過程」であったことを思い起こそう。支払い過程にとっての環境は，経済システムにとっての環境と同じものではない。後者は前者に含まれるが，前者は経済システムの内部にも及んでいる。では，経済システムの内部にある「支払い過程の環境」つまり「支払い過程以外のもの」とは何であろうか。経済システムの基本作動（＝要素）を「支払い」と定めた以上，該当するものはなさそうに思える。ところが，社会システムのオートポイエティックな作動にとっては「自己観察」が必須であるというルーマンの指摘（[35] 訳 57 頁）に従うなら，経済システムの自己観察は支払い過程から見れば環境となる。次の「再帰」の項で説明するように，経済システムの自己観察は市場の観察を意味するので，先取りしていえば，マネー・ゲームは市場の観察にもとづいておこなわれるかぎり脱トートロジーの可能性をもつことになる。ただし，市場の観察を唯一の他者準拠とする自己準拠のオペレーションがつねにトートロジーを回避できるわけではなく，その成否は市場観察の

あり方にかかっている。いずれにせよ、過程的自己準拠のばあい自己観察もまた他者準拠の一様式であるという点を見落としてはならない。さらに先の基底的自己準拠についても、そのばあいの「自己」がシステムの要素つまり「支払い」であることから、同じ論法で自己観察が他者準拠の様式となりうる。ちなみに、「支払い」が経済システムの環境に由来する欲求に動機づけられておらず、もっぱら経済システムの自己観察＝市場の観察にもとづいてなされるとき、つまり市場の観察を唯一の他者準拠とするばあいには（このようなケースは「投機」と呼ばれるべきであり、土地取引、商品先物取引などにしばしば見られる）、上のマネー・ゲームと同様、市場観察のあり方次第でトートロジーを回避できるか否かが分かれてくる。こうした点は、自己準拠の第三の形式すなわち「再帰」を論ずるなかで明らかになるはずである。

4-3-3 再帰

「再帰」にかんするルーマンの錯綜した議論にもかかわらず、「自分自身を観察し、その自己観察をみずからのふるまいに反映させる」というこの語（Reflexion）のもつ通常の意味は、社会システムの「再帰」のばあいにも保持されているはずである。では、経済システムの自己観察とはどのようなものであり、それは経済システムの作動（オペレーション）にどのように反映されるのであろうか。この点についてはルーマンの『社会の経済』が（例によって分かりやすい述べ方ではないが）説明を与えており、筆者はそれを再構成したかたちですでに紹介しているので（[17] 49-58頁）、要点のみ記すことにしよう。

経済システムは「支払い」を要素とするオートポイエティッ

ク・システムであるが，このオートポイエシスにはシステムの自己観察が含まれている。「支払いが行なわれるとそれに結びついて観察や描写という作動もまた生じることは明らかである。観察や描写は支払いとは別物であるが，しかし支払いと関連しており，これらによってシステムは支払いをうまく扱えるようになる」(Luhmann [37] 訳 119 頁)。つまり「経済システムは自分自身を観察し，自己観察の過程でつねにその自己観察に反応する」([37] 訳 115 頁) システムなのである。とはいえ，経済システムはみずからの内に目を備えているわけではなく，その自己観察は参加システム（＝家計・企業など，経済システムの環境にあって，かつ支払いをおこなうシステム）の目を借りたものとならざるをえない。経済システムの参加システムは，みずからの取引可能性を探るべく，みずからにとっての環境である経済システムを価格を手がかりとして観察するのだが[4]，この多数の参加システムの目を通した多文脈的な観察を「経済システムの自己観察」とみなすのである。参加システムの側からすれば，この観察は取引可能性を探るためにおこなわれるのであるから，経済システムを観察しているというより，「市場」を観察していると言ったほうが適切である。じっさいルーマンは，参加システムによって（経済内的）環境として観察される経済システムを市場と呼んでいる（[37] 訳 87-88 頁)。各参加システムは自己の「市場の観察」の結果を自己の支払い行動に反映させるから，個別観察の全体（多文脈的観察）を経済システムの観察とみなすのであれば，個別反応の全体（多文脈的反応）もまた経済システムの反応とみなせよう。こうして経済システムは，「自分自身を観察し，その自己観察に反応するシステム」，つまり「再帰のレベルで（も）自己

準拠的なシステム」となる。なお，経済システムの観察や反応は個別参加システムの観察や反応の「全体」であって「集計」ではないことに注意しよう。参加システムの観察と反応はほとんどのばあい，局所的・断片的なものにとどまるので，それらがミクロ経済学の個別需要・供給曲線のように明示され，市場需要・供給曲線として集計表現されうるケースは皆無とは言わないまでも，きわめてまれであろう。そのようなまれなケースでは，各参加システムによる「経済システムの自己観察の観察」（二次観察：注4参照）がすべての参加システムについて一致する（つまり，すべての参加システムが同じ観察像をもつ）可能性もある。

　基底的自己準拠や過程的自己準拠のばあいと同様に，再帰のばあいにも他者準拠の様相を明らかにしておくべきであろう。再帰における「自己」はシステム自体であるから，他者準拠の「他者」はシステムの環境ということになる。経済システムの再帰，すなわち自己観察とそれへの反応，にさいして観察される対象は経済システムであるが，この観察は二通りのやり方でおこないうる。ひとつは経済システムを環境から切り離し，環境を視野の外においたうえで，システムの基本作動（＝支払い）だけを観察するというやり方であり，もうひとつはシステム／環境の区別は堅持しつつも，環境を視野に入れてシステムを観察するというやり方である。これら二通りの観察はそれぞれ，再帰のレベルにおける「純粋自己準拠」と「他者準拠をともなう自己準拠」にほかならない。たとえば，株式市場（あるいは土地市場）で株価（地価）が全般的に上昇しているとしよう。この株価（地価）の推移と売り買いの様子だけを観察してみずからの株（土地）の売買を実行する者（＝参加システム）は，再帰のレベルにおける経済システム

の純粋自己準拠化に与することになろう。一方，株価（地価）が実体経済の動向を反映したものかどうかを見きわめてから売買するなら，経済システムの再帰に他者準拠を添えることとなろう。

　前項（「過程的自己準拠」）の末尾でマネー・ゲームや財の投機的取引に関連して，「市場の観察を唯一の他者準拠とする自己準拠のオペレーションがつねにトートロジーを回避できるわけではなく，その成否は市場観察のあり方にかかっている」と述べたが，この点について今やより具体的なイメージを手にすることができる。すなわち，市場の観察が上述の意味で純粋自己準拠的なものにとどまるかぎり，市場の観察を唯一の他者準拠とする基底的自己準拠や過程的自己準拠のオペレーションはトートロジーに陥り，崩壊を免れえないのである。言いかえると，自己準拠の脱トートロジーが可能となるのは，直接的にであれ，観察を通じて間接的にであれ，システム外（＝環境）にある他者への準拠をともなうばあいに限られる，ということである。システムを一歩も出ない他者準拠は，いわば自分の髪につかまっているだけであり，トートロジーの沼から這い出せるはずもないのである[5]。

4-3-4　反省理論

　再帰に関連してもうひとつつけ加えるべきは，経済システムの反省理論（Reflexionstheorie）としての経済学についてである。反省理論は自己描写の洗練されたかたちであるが，経済システムの基本作動は支払いであり，支払いの指針となっているのは価格であるから，このシステムの自己描写したがってまた反省理論は「価格」という言語を用いて語られねばならない。経済システムの反省理論は「自己観察や自己描写がすべてそうであるよう

に，差異，ここでは価格差，を指針とする。典型的な問題としては，通時的な価格比較を含む価格比較全般，それゆえまた価格の上昇あるいは下落，があるが，…それらをたんなる事実として語るのではなく，評価し，説明し，変更しようとこころみる」(Luhmann [37] 訳 63 頁)。評価・説明・変更のこころみという点では，中世スコラ派の公正価格論も想起されるが，「そこで問題になっているのは道徳‐法律上の論議であり，この論議は正／不正の差異によって支配されている」([37] 訳 63 頁) がゆえに，経済システムの反省理論とは言いがたい[6]。そもそもこの時代には，経済はいまだ社会の機能的サブシステムとして分化し切ってはいなかったのである。しかし，全体社会の機能的分化の進行とともに，「反省理論は，他のあらゆるものに対する無関心を前提とするようなやり方で，対象となっているシステムの特殊問題を定式化し，このシステムの感受性を純化する」([37] 訳 68 頁)。この意味で経済システムの反省理論のひとつの極限を示しているのは新古典派経済理論であるが（じっさい，この理論のおかげで，経済は市場にのみ従うようその感受性を純化させられている！），ケネーからスミス，リカードを経てケインズに至るまでの経済理論も，さまざまな程度に「不純物」を含んでいるとはいえ，経済システムのそのときどきの分化段階に対応した反省理論とみなしうる。

ところで先に，経済システムの自己観察の二つのスタイルを区別したが，この区別は反省理論にもあてはまるはずである。すなわち，ひとつは環境を視野の外において経済システムの基本作動（＝支払い）だけを対象として理論化するというやり方であり，もうひとつはシステム／環境の区別は堅持しつつも，環境を視野

に入れて理論化するというやり方である。理論の対象である経済システムが基底的および過程的レベルで純粋自己準拠を維持しえない以上、環境を無視ないし与件化する反省理論は、いかに精巧な外観を呈しようとも、その本質においてトートロジーかさもなくばナンセンスであるほかはない。しかしだからといって、環境を視野に入れればただちに有意味な反省理論が書けるわけではない。たしかに、「≫他者≪を経由することによってのみ、自己準拠はトートロジーを脱しうる」(Luhmann [37] 訳 82 頁、注 71) のではあるが、環境を参照する仕方（＝他者準拠の様式）の如何では、当の理論が（ナンセンスは論外として）もはや経済システムの反省理論ではないという事態が起こりうる。経済システムの反省理論を名乗るためには、システム／環境の区別を堅持したうえで、システム特有の差異つまり価格差を指針とする理論を書かねばならず、他の機能システムが従う正／不正、真／偽、美／醜、等々の価値の二項対比（＝差異）に対しては中立を保たねばならない。だが、環境（＝他者）に準拠しつつ中立を保つというのは論理的に考えても困難なスタンスである[7]。意識的にであれ、無意識にであれ、中立を犯してしまうケースが生じても不思議ではない。そのとき理論は、「不純物」を含んだ反省理論、さらには非-反省理論へと変質する。

　ルーマン自身は、「他者準拠をともなう自己準拠」を体現した「経済システムの反省理論」を「経済の全体社会的脈絡の理論」と呼び、それが「どのようにして書けるのかは分からない。だからこそ、経済システムの古典派的あるいは新古典派的反省理論は異議申し立てを受けても動じることなく書き続けられるのである」([37] 訳 74 頁) と述べている。これを筆者なりにくだいていえ

ば次のようになろう。すなわち，再帰のレベルにおける「他者準拠をともなう自己準拠」はもともと論理的困難をはらんでいるのだが，自己観察段階ではたとえば時間差を利用するなどしてこの困難を避けることも可能である。しかし自己描写や反省理論の段階になると，いまだ決定的な回避策は見いだされておらず，それでもなお有意味な反省理論を求め続けるというのであれば，さしあたり多少の「不純物」(たとえば論理上の違反)には目をつぶるしかない。この条件緩和のもとで古典派やケインズの経済理論は，もっか正会員のいない「経済システムの有意味な反省理論」サークルのいわば準会員となるのである[8]。一方，論理的困難を前に有意味な反省理論を断念し，他者準拠をともなわない「純粋自己準拠」に閉じこもるのもひとつの選択ではある。そのばあいには，ナンセンスではないにしても，トートロジーが書き続けられることになる。新古典派経済理論（古びたことばを使いたくなければ，正統化された現代経済理論と言い直してもよい）はこの種の「純粋自己準拠」を体現した反省理論に限りなく近い。

4-4 経済システムの構造的連結

　前節においては，経済システムの環境に対する閉鎖性を三つのレベルの自己準拠性としてくわしく検討した。そこでは，いずれのレベルの自己準拠であれ，他者準拠をともなってはじめてシステムの存立を支えうるということが明らかになった。つまり，システムの作動上の閉鎖性（自己準拠）はシステムの環境へ向けての開放性（他者準拠）を欠いてはありえないのである。他者準拠の具体的様相については，自己準拠の各形式をとりあげるさい

個々に説明を加えてきたが，こうしたいわばミクロ的な接近とともに，他者準拠を機能システム間のマクロ的な関係として見る視点も忘れてはならないであろう．本節では，後期ルーマンが多用している「構造的連結」概念によってこのマクロ的な関係がどの程度解き明かされるのかをみていこう．

4-4-1　構造的連結

ルーマン理論の体系的研究書を著わした村中知子氏はその書の中で，「(ルーマンの) コミュニケーションについての綿密な分析に比して，システム間関係についての分析はいまだしの感をいなめない．相互浸透についても，共鳴，構造カップリングについても，まだ十分に納得のいく一貫した説明はなされていないように思われる」([48] 187 頁) と評している．しかしその後 1997 年にルーマンは『社会の社会』を出し，二つの節 (第 1 章第 6 節「作動上の閉鎖と構造的連結」，および第 4 章第 9 節「自律性と構造的連結」) をあてて構造的連結(カップリング)について論じている．はたして村中氏の指摘した不足は埋められたのであろうか．

そもそも構造的連結という概念は H.R.マトゥラーナと F.J.ヴァレラのオートポイエシス論，たとえば 1980 年の『オートポイエシスと認知』([45]) および 1984 年の『知恵の樹』([46]) に登場するものであり (後者における説明のほうが分かりやすい)，彼らの構造的連結概念とルーマンによる同概念の援用例の簡潔な紹介・解説はすでに赤堀三郎氏によってなされているので ([1])[9]，それらを参照したうえで筆者がまとめたところから出発しよう．ただし，本章の主旨に添うべく，可能なかぎりルーマンの理論に引きつけた説明法をとりたい．

ここでの問題は，作動上閉じたオートポイエティック・システムが環境といかにつながりうるかである。ルーマンのことばでいえば，「社会システムは，環境との接触がまったくなくみずからに準拠するほかない状況で，いかにして環境との関係をつくりあげるのだろうか」（[41] S.100）。いま，ともにオートポイエティック・システムである二つの機能システム A・B 相互の関係をとりあげると（このばあい一方の機能システムから見れば他方の機能システムは環境である），システム A がシステム B の作動に（あるいはシステム B がシステム A の作動に）直接的な作用を及ぼすことは，両システムの作動上の閉鎖ゆえ，ありえない。システム間に影響関係がありうるとすれば，各システムが相手のシステムの構造に刺激 (Irritation)[10] ないし攪乱を与えて構造変化を誘発し，この構造変化がシステムの作動に影響するというかたちをとる。こうしたいわばシステム構造を介したシステム間のつながりを「構造的連結」と呼ぶのである。

ルーマンに従ってシステムの「構造」を「環境の複雑性を把握し縮減するはたらきをもつもの」と解するなら，システムの構造がどのようなかたちをとるのかは，そのシステムがいかなる複雑性を処理すべきかと無関係ではありえない。あるいは，システムの現構造には当のシステムがこれまでに処理してきた複雑性が抜きがたく刻印されている，といってもよい。それゆえ，互いに複雑性を与え合う二つのシステムの構造的連結関係がある程度継続すると，双方のシステムの構造は相手が与える複雑性に適応したかたちになり，構造によって規定されるシステムの作動もまた相手システムの存在を前提とするようになる（相手システムとの連結関係が突然断たれたりすれば当のシステムは円滑に作動しなくな

るであろう)。これはルーマンが以前「相互浸透」と呼んだ事態にほかならない[11]。新たな用語法で表現し直せば，構造的連結を通じてシステムAとシステムBが互いに共進化的 (koevolutiv) に構造変化を遂げてきており，もはやこの連結関係なしにはいずれのシステムも存立しえないとき，「システムAとシステムBは相互浸透の関係にある」といわれる (Luhmann [41] S.108)。相互浸透は今や構造的連結のカテゴリーに組み込まれ，その進化した一形態という地位を得たのである。

4-4-2 機能システム間の構造的連結

前項で「構造的連結」概念の意味と，従来の「相互浸透」概念との関連を示したので，いよいよ経済システムに焦点を合わせてルーマンの議論を検討していこう。ルーマンが機能システム間の構造的連結を本格的にとりあげるのは，『社会の社会』第4章第9節「自律性と構造的連結」においてである。そこではまず，次のように述べられている。すなわち，「すべての機能システムは構造的連結を通じて互いに結びつけられているとともに全体社会につなぎとめられている。……ここで構造的連結とは，アナログ的（同時的，連続的）関係のデジタル的関係，つまり二者択一図式で扱える関係，への変換を意味するとともに，他の点では環境に対してきわめて無関心でありながら特定の相互刺激ルートを強化することをも意味している」([41] S.779)。二つの機能システムが構造的に連結されているとき，両システムは互いに相手のシステムの構造に刺激（ないし攪乱）を与えて構造変化を誘発するのだが，この刺激はそれを受け取る側のシステムの「言語」に翻訳されてはじめて刺激としての効果をもちうる。経済システムに

対する刺激であれば、ある価格の支払いがおこなわれるのか否かという形式、つまり支払い／不支払い二項図式、に変換されている必要がある。逆にいえば、この形式に変換ないし翻訳されないかぎり、経済システムは環境に関心を払う必要がない（あるいは、払おうとしても払えない）のである。いわゆる「環境破壊」の問題を例にとると、生産・消費等の経済活動が環境破壊をひき起こしているからといって、経済システムに責任を負わせ解決を迫ることは現代の機能分化した社会では筋違いなのである。経済システムはせいぜい問題処理の一助となるにすぎない。問題を処理するためにはまず、環境破壊的な行為のうち許容されるものと禁止されるものが合法／違法の二項図式をとる法システムにおいてふるい分けられねばならない。このふるい分け作業は、所有権その他さまざまな権利（たとえば汚染物質の排出権や、なんらかの「環境権」）の設定をともなうばあいもあろう。そのうえで、違法行為に対して罰金を課するとか、排出権の売買を認めるといったことになれば、ここではじめて問題が支払い／不支払い二項図式にのってくる。つまり、ある額の罰金を払うのか払わないのか、ある値段で排出権を売るのか買うのか、という形式に変換されるわけである。こうして経済システムは法システムと構造的に連結され、それを通じて（ごく部分的にではあるが）環境問題を処理しうるかたちに構造変化を遂げるのである[12]。

　構造的連結はアナログ関係のデジタル関係への変換をともなうというのがルーマンの第一の指摘であったが、第二に確認すべきは、構造的連結のもとで機能システムはいかにして自律性を保ちうるのかという点である。ルーマンはその条件として、(a) 連結が解除されうること、(b) どの機能システムと連結するかが選択

されうること，そしてとりわけ (c) 特定システムへの過度の依存を避けるべく，さまざまなシステムと多数の連結関係をとり結ぶこと，をあげている（[41] S.780)。第三のポイントは，構造的連結がいわば連結器にあたる装置ないし仕組み（Einrichtungen）を介して実現するということである。のちの例示から明らかになるように（下表参照），こうした装置は連結関係にある「どちらの側のシステムによっても利用されるが，それぞれにおいて異なった意味で利用され」（[41] S.787)，しばしば「制度」というかたちをとる。第四に，機能システム相互の構造的連結のばあいにのみ生じる特殊性に注目すべきである。全体社会の分化した機能システムはいずれもコミュニケーションのシステムであり，言語というコミュニケーション・メディアを共有するから，「システム連結を実行すべくコミュニケーションを用いることができる。構造的連結は作動上の連結によって補完されるわけである」（[41] S.788)。たとえば医師が診断書を発行し，それを雇い主に提出するよう患者に持たせてやったとしよう。病気欠勤をたんなるズル休みと区別する制度によって医療システムと経済システムが構造的に連結されているならば，診断書を受け取った雇い主はただちに給与支払い上のしかるべき措置をとることができる。このばあい，医師と雇い主のあいだの言語コミュニケーションが構造的連結を補完し円滑化しているといえよう。

　機能システム間の構造的連結について上記『社会の社会』第4章第9節でルーマンが指摘するのはおおむね以上の4点である。説明は思いのほか簡潔であり，物足りなさを感じる向きは，さかのぼって『社会の法』第10章「構造的連結」を参照するかもしれない。けれども，歴史的な経過の説明を除けば，そこに『社会

の社会』の記述を越える重要な論点を見いだすことはないであろう。村中氏のいう「いまだしの感」がなお残るにせよ，これをもってルーマンの到達点とみなすほかはない。この先は各人がみずからの関心に従って理論を彫琢し展開していく任を負わねばならない。そのさい手がかりとなるのは，ルーマンがあげているシステム間構造連結のいくつかの実例である。ここでは焦点を絞って経済システムがかかわるケースについてのみ，表のかたちにまとめてみた。表中「刺激例」の欄は経済システムの構造変化，つまり支払い作動の連鎖を水路づける (kanalisieren) パターンの変化（赤堀 [1] 141 頁），をひき起こす要因を示しているが，教育，医療，芸術の三システムとの連結のケースでは，ルーマンが明示していないので筆者が補った。これらはもちろん考えられる刺激例であり，刺激のすべてを尽くすものではない。さらに，刺

経済システムの構造的連結

連結相手の 機能システム	媒介装置（制度） の例	経済システムへの刺激例
政治	租税・公課 公債，中央銀行	貨幣流通に占める財政のシェアの変動
法	所有，契約	システム特有のコード（持つ／持たざる）と システム特有の作動（支払い）の前提の確保→ 支払い連鎖への未知のパートナーの取り込 み＝システムの拡大
教育	成績・卒業等の 証明書＋企業の 採用制度	従業員の選抜・採用→所得分配・消費パターン の規定
医療	診断書＋企業の 給与等規則	給与等支払い上の配慮
芸術	美術商 印刷＋出版者	芸術作品の取引対象化 (Luhmann [39] 参照)

激は相互的であり，表には示していないが相手システムへの刺激があることも言をまたない。

4-4-3　残された課題

　構造的連結にかんする分析はさらに深めうるし深める必要がある。そのさいつねに念頭におくべきは，ルーマンがこの概念に込めた洞察である。すなわち，たんに機能システム同士が互いに影響し合うというだけの平凡なイメージにとどまるかぎり，経済を政治的あるいは法的に直接コントロールしようとしたり，芸術の商業化や教育の就職手段化を素朴に嘆いたり，環境問題の責任をすべて経済に押しつけたりといった，単純かつしばしば不適切な反応しか期待できないのに対し，各機能システムにオートポイエティック・システムとしての自律性を認める立場からは，機能システム間の関係はもっと微妙なものと映るのである。この点を理解するには，オートポイエシス，構造的連結等の概念の出自たる生物学の領域にいったん戻って考えるほうがよい。そこでいま，人間の知覚・行動と外界（環境）との関係をとりあげることにしよう。たとえば，同じ声音で人の名を呼んだとき，呼ばれた人はいつも同じ応答をするであろうか。考え事をしていて声が耳にはいらないということもあるだろう。頭が重くていつもの声がひどく耳障りに響くというケースもあろう。これは外界からの同一刺激であっても受け取る個人の感覚器官を通してさまざまに「翻訳」されうることを示している。では「翻訳」された刺激が同一なら同じ応答がなされるかといえば，これまたそうとは限らない。耳障りであっても呼ばれたら答えるという従来の「構造」を変えないばあいは返事をするだろう。体調にお構いなく甲高い声

で呼ばれる経験が度重なれば，「構造」を変えて返事をしないようになるかもしれない。このように外界の刺激と個人の行動のあいだには少なくとも二つのステップ，刺激を翻訳（＝変換）するステップと構造変化のステップ，がある。オートポイエシス概念が社会システムにもあてはまるとすれば，こうしたメカニズムは人間と外界の関係を機能システムと環境，ないし機能システムと機能システム，の関係に置き換えても存在するはずである。構造的連結というテーマを究めるには，これらの点の検討も欠かせないであろう。

注
1) この点で Selbstreferenz の訳語に「自己参照」とか「自己言及」をあてるのは適切とは思われない。村中 [48] 59 頁，注 (32) 参照。
2) ルーマンの叙述に密着するあまり，理論の「秘教化」を招くというのは，起こりがちな，しかし避けるべき，事態であろう。秘教化を避けるためにはまた，ルーマンがさまざまな用語を従来とはまったく異なる意味で使っていると考えるのではなく，従来の用語により厳密な定義を与えているにすぎないと考えることが肝要であろう。
3) この点で，前記 Luhmann [35] Kap.11 での例示もまた，新たな理論水準に照応し切れていないと思われる。なお，Luhmann [29]（訳 153 頁）では，前者は再帰性の段階において後者より一段前に位置するとされている。しかし今となっては，この再帰性段階論をそのまま受け入れるのはむずかしい。
4) 経済システムの基本作動は支払いであるから，各参加者が経済システムそのものについてなしうる観察は，「ある価格で支払いがおこなわれるか否かの観察」と「経済システムの自己観察の観察（すなわち，自分のみならず他の参加者もまた経済システムを観察するという事実，およびその観察の様子，の観察）」の二つに限られる。Luhmann [37] 訳 109 頁参照。
5) 近年の市場経済の「純粋自己準拠化」傾向については，春日 [19] 第 9 章で指摘しておいた。なお，次章 (5-4-3 項) も参照。
6) 「公正価格」についてはたとえば，竹内 [66] 93-98 頁参照。
7) この点についてくわしくは，Luhmann [37] 訳 70-74 頁参照。
8) アダム・スミスは「自由放任」，「神の見えざる手」などのことばとともに，本書の用語でいえば（市場）経済システムの自己準拠性を称揚した人として一般に知られているが，ここでは，彼の理論はむしろそうした自己準拠を支えるシ

ステム外の「確かな基礎」(つまり他者準拠)を求めて展開されているのだとする佐伯啓思氏の解釈(佐伯[59])に注目したい。要するに、スミスは経済システムの「純粋自己準拠的」反省理論(＝自由競争市場万能論)を書いたのではなく、「他者準拠をともなう自己準拠」を体現した有意味な反省理論(＝経済の全体社会的脈絡の理論)を書こうとしたのだというわけである。

9) なお、コミュニケーション・システム(＝各種の社会システム)と意識システムの構造的連結に焦点を合わせた検討として、高橋[64]がある。赤堀氏の論文も、さらにルーマンの『社会の社会』([41])の第1章第6節も、とりあげるケースはもっぱらコミュニケーション・システムと意識システムのあいだの構造的連結である。しかし、本章の主題からすれば、このケースに立ち入ることは議論を不必要にむずかしくしてしまうおそれがある。それゆえ、われわれは主として『社会の社会』第4章第9節によりつつ、はじめから機能システム間の構造的連結をとりあげる。高橋徹氏は最近の論文[65]で、構造的連結を含む機能システム間の関係についてルーマンとともにヴィルケ(H. Willke)やフッター(M. Hutter)の議論をもとりあげて検討しており、本章と合わせて読まれることを期待したい。ちなみに同論文で紹介されているヴィルケの「交渉システム」とフッターの「会話圏」はともに、機能システムの共通メディアである言語を主要メディアとして成立するシステム間システムとみなしうる。

10) ルーマンの用語法においてIrritationは、たんに「刺激」と訳したのでは伝わらないニュアンスを含んでいる。マスメディア(本書第1章、注2参照)や情報概念に関連して用いられるばあいがその例であり、情報を論じる次章(第5章)ではそのまま「イリテーション」と表記した。本章にかんするかぎり「刺激」と訳しても違和感はないので、この訳語を採用した。ルーマンのイリテーション概念についての考察は、春日[20]参照。

11) 相互浸透についてくわしくは、春日[17] 21-32頁参照。なお、ルーマンは各種の社会システム(コミュニケーションという作動にかんして閉じたシステム)と環境のあいだのつながりを少なくとも三つの用語で表現してきた。「共鳴」(Resonanz)、「相互浸透」(Interpenetration)、「構造的連結」がそれであるが、これらは併用されるのではなく、むしろあとの用語が前の用語に取って代わるという用語進化を示している。

12) ルーマンはかつて、機能システムの環境問題(生態学的危機)へのかかわりについて、いま述べたのと同趣旨の議論をしている(Luhmann [36])。ただし、そこでは「構造的連結」という考え方はまだ本格的に現われず、システムと環境の関係は「共鳴」という概念でとらえられている。マトゥラーナとヴァレラの「構造的連結」概念についての参照指示はすでにあるから([36] S.41)、「共鳴」を「構造的連結」と読み替えてもさしつかえないであろう。

第 5 章

経済システムと情報

5-1 分析手法としての「システム／環境」差異の設定

　序章の用語解説で述べたように、ルーマンの目がとらえた社会は、コミュニケーションがコミュニケーションを連鎖的に生み出していくオートポイエティック・システムであり、経済は全体社会(ゲゼルシャフト)、すなわちあらゆるコミュニケーションを包摂したシステム、の機能的サブシステムのひとつである。彼の理論では人間が社会システムの部分ではなくシステムの環境に位置づけられるため（序章 [1] 参照）、「人間がこの理論ではなんらの役割も果たさないとか、人間の偉大さがなおざりにされている」といった誤解（あるいは非難の口実）を生んだが、「個人が、具体的で経験的な、物理的－化学的－有機体的－心理的な側面を有する統一体であると真摯に考える者は、個人を社会システムの部分であるとみなすことは不可能である」(Luhmann [35] 訳 vi 頁)。ルーマン流のシステム理論の戦略は、入れ子式に何段階もの「システム／環境」差異（区分）を設定しつつ分析を進めていくというものであり、社会システムと人間の分離はその最初の段階なのである。同様の分離はサブシステムのレベルでもおこなわれ、経済システムのばあい生産・流通・消費といった経済の具体的経過（いわゆる実体経済）をシステムの外部＝環境に置き、システム固有のコミュニ

ケーション・メディアである貨幣の支払い（と受け取り）をシステムの基底的作動（＝システムの要素）とみる。この分離によって経済システムのオートポイエシスは紛うかたなき姿で観察者の前に現われる（序章［4］参照）。それゆえ，実体経済をシステムの外に置くことは，実体経済の複雑さを直視したうえでの分析上の工夫であって，実体経済の軽視をなんら意味していない。

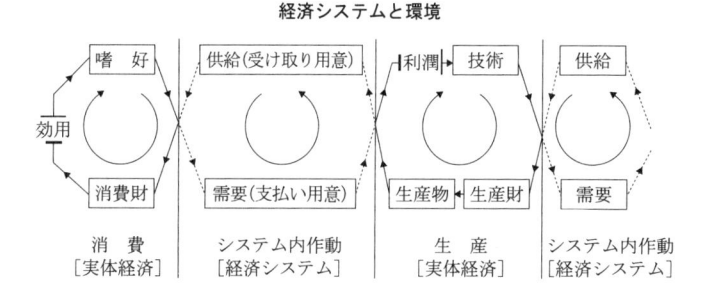

経済システムと環境

消費 [実体経済]	システム内作動 [経済システム]	生産 [実体経済]	システム内作動 [経済システム]
嗜好／効用／消費財	供給（受け取り用意）／需要（支払い用意）	［利潤］技術／生産物／生産財	供給／需要

……… オートポイエティックな経済システム内の作動（支払い）
――― 経済システムの環境における具体的経過

「システム／環境」差異（区分）の設定は事象の鮮明化に資するだけでなく，概念の整理にも有効である。本章のテーマである「情報」概念を扱うにあたってルーマンがよりどころとしたのも，この「システム／環境」差異（区分）の設定であった。以下では，ルーマンがどのようにして「情報」を日常用語と区別された理論用語へと練りあげたのか（5-2節，5-3節），また彼の情報概念を経済システムに援用することでいかなる事態が浮き彫りになるのか（5-4節），を見ていこう。そのさい順序は一見逆のようだが，理解を容易にするために，まずサブシステム（ここでは経済シス

テム）レベルでの「情報」について，ある程度具体的なイメージをつかんでおこう。

5-2 経済システムの固有情報としての「価格」

　経済システムとその環境を上のように区分したとき，「情報」という言葉もそれに合わせて適切に理解されねばならない。ルーマンによる情報概念のくわしい規定は次節でみるが，あらかじめ持っておくべきは経済システムにとっての固有情報は価格であるという基礎認識である。「価格は〔経済システムにおける〕コミュニケーション過程のための情報と解されねばならない。……需要と供給可能性にかんする必要な情報は，価格と支払い自体を通じてつくり出される。それ以上，需要や供給の由来をさぐる必要もないし意味もない」(Luhmann [37] 訳 6 頁)。要するに，支払いをひき起こすもろもろの個別・具体的事情にかんする情報は経済システムに直接はいってくるのではなく，価格（およびその変化）という量的に一元化された情報に写し取られるか，さもなくば捨て去られるということである。取引にあたっては，ある価格で買うのか買わないのか（売るのか売らないのか）だけが問題であり，個別事情をいちいち斟酌しないからこそ経済は円滑に作動するのである（コンビニの客がレジで自分の懐具合とか家庭事情とかをくどくど述べ配慮を求めたらどうなるか？）。それゆえ価格は高度に縮減された情報であり，その量的表現は「コミュニケーション理論的には差異図式の精密化であり，……情報を〈差異をつくり出す差異〉（ベイトソン）と理解するなら，これは〔価格情報が差異図式として採用された〕以後の情報処理がすべ

5-2 経済システムの固有情報としての「価格」

て，より多いかより少ないかにかんする差異に出発点をとるということを意味する。3.5マルクは3.5マルクより多くもないし少なくもない。そして〈この事実が差異をつくり出すのである〉。したがって，この金額を稼ぐのがどんなにむずかしいかとか，それを支出するのがどんなに大変かとかは問題にはならない」(Luhmann [37] 訳7頁：〔 〕内は引用者の補足)。あとの話を先取りしていえば，価格情報のばあい〈差異をつくり出す差異〉というのは，価格が「より高い／より安い」を区別する境界（＝差異）を設定し，それにもとづいてさらに「買う／買わない（売る／売らない）」の差異が生み出されるという意味である。

注意したいのは，一方で価格はそのつど（つまり各取引のさいに）確定していなくてはならないが，他方で経済システムの環境で起きているあまたの出来事（あるいは環境複雑性）を縮減し量的表現に写し取ることができるよう可変的でなくてはならない，という二面性である。価格は（たとえば均衡価格に）固定したままではなく，たえず変化する用意があり不安定であるからこそ，環境複雑性のシステム内への転写というはたらきをにないうるのである。ただ，のちの議論にも関係するが，可変的な価格が環境複雑性を写し取るといってもしょせん限界がある。量的一元化とは，何かを捨ててはじめて可能となる単純化にほかならないから，「価格によって，この〔＝経済〕システムの環境にかんする，たとえば資源や動機にかんする，十分な情報が提供されるとは期待できない」(Luhmann [37] 訳29頁：〔 〕内は引用者の補足)のは当然である。

5-3　ルーマンの情報概念

　ルーマン理論では社会はコミュニケーションがコミュニケーションを連鎖的に生み出していくシステムであり、社会を成り立たせている要素はコミュニケーションである。そしてコミュニケーションはさらに情報・伝達・理解の三層から成るものとしてとらえられる (3-3-2 項 b および 3-4-3 項参照)。このことからも分かるようにルーマンは情報概念に重要な意味を持たせているのだが、当概念を単独でとりあげ全面的に論じた著書や論文は見当たらない。情報にかんする記述は散在しており、多少まとまったものは、『社会システム理論』の第 2 章第 3 節、『マスメディアのリアリティ』の第 3 章、『システム理論入門』([42]) の第 II 章第 5 節にみられる (『入門』の記述が最も分かりやすい)。ルーマン門下の才媛エレーナ・エスポジト (Elena Esposito) はそれらの要点を的確にまとめて、『ニクラス・ルーマンの社会システム理論用語集』(GLU : [4] S.76-78) で紹介している。ただ、ルーマン理論になじみのない者がこの紹介を読んでただちに納得するかどうかは大いに疑問である。そこで本節では、エスポジトの紹介も参考にしながら、ルーマンの情報概念のいわば要点の要点をくだいて説明することにしよう。そのさい、グレゴリー・ベイトソン (Gregory Bateson) の『精神の生態学』に出てくる例示から始めるのが分かりやすいであろう。ルーマンはこの本から大きな示唆を得ているからである。

5-3-1 環境の出来事からシステムのイリテーションへ

ベイトソンは土地と地図の関係をとりあげ,「地図をつくる人は,網膜なり測量器なりをもって現地に行き,ひとつの表象（representation）を行なって,その結果を紙の上に描くわけです。紙に描かれるのは,<u>その人の網膜に表象されたすがたの,そのまたすがた</u>であって,これはどこまで問いつめていっても,無限に遡行していくばかりで…土地はけっしてすがたを表わしません。土地とは,ひとつの Ding an sich であって,それと直接係わることはできない。つねに表象化のプロセスが間に割って入って,土地をフィルターで取り除いてしまうのです」（[5] 訳 655 頁：下線は引用者の付加）と述べたあと,「〈データ〉とか〈情報〉とか呼ばれるさまざまな種類の地図をもとに,人は行動するわけですが,その動き——筋肉の収縮——はインプットされた差異がかたちを変えたものにほかなりません。そしてその行為の変換形が再度データとしてわれわれに取り入れられるわけです」（[5] 訳 655 頁）と,前節でふれた〈差異をつくり出す差異〉という情報概念につなげる。じつは,この引用文中の「地図をつくる人」や「人」を「システム」に,「土地」を「環境」に,「地図」を「情報」に,「行動」や「行為」を「（システムの）作動＝コミュニケーション」に,それぞれ置き換えれば,そっくりルーマン自身の表現となる。さらに,下線を引いた「その（＝地図をつくる）人の網膜に表象されたすがた」はルーマンの用語では「イリテーション」（Irritation）と呼ばれる（攪乱 Störung または刺激 Reiz と言いかえてもよいが,ルーマンが好んで使うのはイリテーションである）。以上,ベイトソンからの引用と用語の置き換えで,ルーマンの情報概念を説明する準備が整ったので,経済

システムに的を絞って話を一挙に進めよう。

　経済システムの環境すなわち経済以外の政治・法・学術・教育・マスメディア等々の機能的サブシステムや自然環境は，刻々と変化し無数の出来事を生み出している。いま地球温暖化を例にとれば，この環境変化は経済システムにどのように作用する（しうる）だろうか。まず温暖化は環境に・と・っ・て・問題ではない，より正確にはイリテーションや情報ではない，という点からスタートしなくてはならない。「環境は情報をなんら持ってはおらず，環境はそれがあるままのものである」(Heinz von Foerster) ほかはないのである。環境で起こる出来事は，システムにとらえられてはじめてイリテーションついで情報となりうる。むしろあふれんばかりの出来事のうちシステムの目にとまり耳にはいるのはごく一部とみるべきであろう。人間がそうであるようにシステムはいわば無意識に知覚の対象となる出来事を選別しており，そうしなければとてもやっていけない。しかし無意識の門前払いをしてもなお，システムの「網膜」に映り，「鼓膜」をたたく出来事は数多い。それらの出来事は網膜や鼓膜を通してシステム内に表象されるが，表象された出来事は（ベイトソンが指摘するように）もはや出来事そのもの (an sich) ではなく，出来事のシステム内イメージであって，これをルーマンはイリテーションと名づける。門前払いされた出来事はシステムになんの影響も与えないのに対し，イリテーション化されたもの（＝出来事のシステム内イメージ）は文字通りシステムにチクチク刺激を与えたり，システムをイライラさせたりする。温暖化の例に戻ると，気温が数度上がっても気がつかない人がいるように温暖化が経済システムの視界にはいっていない（無意識の門前払いの）段階から，今日では

温暖化が少なからず気になる（イリテーションの）段階へと立ち至っている。

5-3-2 イリテーションから情報へ

環境の出来事がイリテーションとしてシステムに受容されても、それへの反応は一様ではない。温度計で気温上昇が確認されても行動になんの変化も生じない人間がいる一方で、薄着になるとかエアコンを買うとか高原の別荘に移るとかの暑さ対策をとる者や、日常生活で温暖化ガスの排出を抑える工夫を始める者もいるであろう。ルーマンに言わせれば、行動になんの変化も生じない者にとってイリテーションはイリテーションのままで、情報にはなっていない。イリテーションとしての温度の差異（上昇）は行動の差異を生み出していないからである。他方、行動を変えた者にとってはイリテーションは差異を生み出す差異になっており情報に「昇格」している。個々の人間ではなく機能的サブシステムのばあいは、特定機能への特化ゆえに情報への「昇格基準」がかなりきびしくなっている。すなわちイリテーションは、機能システム固有の二項図式――経済システムであれば「支払い／不支払い」――あるいは（同じことだが）システム固有の情報――経済システムであれば「価格」――への翻訳可能性が俎上に載せられるかぎりでのみ、情報となる。たとえば温暖化を食い止めるのに価格メカニズム（ちなみに、これは上のベイトソンの引用に出てくる地図に相当する）が利用できるかどうかが検討されるとすれば、温暖化は経済システムにとって情報に転化している。じっさい温暖化のケースでは、環境税や排出権取引にみられるように、イリテーションのシステム固有の情報（＝価格）への翻訳は

部分的とはいえ実現している。

いずれにせよ、各機能システムは固有言語（経済システムのばあい、「支払い／不支払い」二項図式ないし価格）への翻訳というバリアーをおくことで、はいってくるイリテーションのかなりの部分を情報化せずに棄却しているとみてよいであろう。むしろそれだからこそ、機能分化社会ではあれもこれも一手に引き受ける機能未分化の体制よりも物事の処理がスムーズにいくのである。ところがせっかくの機能分化体制にもほころびが目立つようになってきた。次節ではこの点をとりあげてくわしく検討してみよう。

以上、本節でみてきたルーマンの情報概念で肝心なのは、(1)イリテーションにせよ情報にせよシステムが特定されてはじめて意味をもつこと、それゆえ環境にもともと情報があってそれがシステムに送り込まれるのではなく、環境で起こる出来事のうちシステムがイリテーションとしてとらえたものを素材にして、システムの手によって情報がつくり出されるということ、(2)その意味での情報は「差異を生み出す差異」という性格をもっており、これは経済システムの固有情報である「価格」（5-2 節参照）にとくに鮮明に現われること、である。言いかえると、環境で起こる種々雑多な出来事（＝環境複雑性）とシステム固有の構成物であるイリテーションおよび情報を峻別したうえで、システムの作動や構造に影響を及ぼす（システム内でさらなる差異を呼び起こす）か否かでイリテーションと情報のあいだにレベルの違いを認めるというのがここでのポイントである。階梯図で表わせば、

環境で起こる出来事［環境複雑性］−（システムによる知覚）→**イリテーション**−（差異の喚起）→**情報**−（翻訳）→**システムの固有情報**［経済のばあいは価格］

となろう．なお念のため言い添えると，以上はあくまでもルーマンの概念規定であり，「情報」概念をイリテーション段階や出来事段階にまで広げる可能性を否定するものではない．

5-4　現代市場経済のシステム論的観察

昨今，経済を見る人びとの目にはたえず不安の色が浮かんでいる．いつ破局(カタストロフ)が訪れるかとおびえるような目つきで眺めているといってよいだろう．ではいったい何がこうした不安ないし経済の不安定性をもたらしているのであろうか．上で紹介したルーマンの情報概念を借りると意外にそのあたりが見えてくる．まず，大いに役立つのが前節の末尾に示した階梯図である．どうやらこの図の階梯と階梯の各つなぎ目ごとに問題が生じている気配である．加えて，最終階梯である「システムの固有情報」（経済のばあい価格とその変動が中心であるが）に変質ないし腐食が進行していることも見過ごせない．以下順を追って説明しよう．

5-4-1　出来事の氾濫とその処理―機能分化の逆説―

今日の社会は，スピードをあげ高さを増してつぎつぎに押し寄せてくる出来事の波に洗われている．無人島に漂着したロビンソン・クルーソーなら自分の回りで起こる出来事をすべて自分の五感ですくい取ることができたかもしれないが，それを今やろうとしても波にさらわれて溺れるのが落ちである．現代社会は氾濫する出来事に対処すべく機能分化という手法を編み出した．もろもろの機能的サブシステムを分化させることで，いわばアンテナの数をふやしてより多くの出来事をキャッチしようというわけであ

る(階梯図の「システムによる知覚」)。ところがここで早くもつまずいてしまう。経済，政治，法，教育等々の各機能システムがうまく手分けして出来事をキャッチするなら，たしかにキャッチできる出来事の量がふえ社会にとって重要な出来事を見落とすリスクは低下するであろう。しかしルーマンが強調するように，機能分化社会は機能特化したサブシステムを得るのと引き替えに，社会を全体として制御・調整する統治中枢(センター)を失う。出来事全体をふるいにかけ機能システム別に割り当ててくれる中央当局といったものは存在しないので，出来事の洪水は分化したそれぞれのシステムに向かって無秩序に押し寄せる。その結果，過剰な出来事がキャッチ(=知覚)される一方で，当のシステムにとって肝心な出来事が見落とされる。

　次に階梯図の「イリテーション」の局面へ移ろう。キャッチ(=知覚)された出来事は機能システムにとってイリテーションであるから，今述べたように，機能システムは過剰なイリテーションを抱え込みその処理を迫られることになる。つまり，みずからの作動と構造(ルーマンによる「構造」の定義は前章 4-4-1 項で示したが，ここではさしあたり「作動のパターン」と考えておけばよい)にかかわる情報なのかどうか，言いかえると差異を生み出す情報なのかどうか，を個々のイリテーションについて仕分けする作業が山積する。経済システムであればこの仕分け作業は，価格メカニズムにのるかどうかチェックする対象を選び出すことである。容易に想像できるように，これはかなりやっかいな作業である。押し寄せる出来事のひとつひとつについてまともに選別していては追いつかない。そこで機能システムは，窮余の策に訴えてパンクを食い止めることになる(この点にかんするルー

マンの議論の詳細は春日［20］参照）。

　窮余の策のひとつはルーマンの表現では「機能システムとは異なる境界の（再）設定」である。システム境界に加えてイリテーションをはじき返す別の境界をバリアーとして新たに（または，ふたたび）設けることを指し，その代表例は国境である。全面的な鎖国はもはや論外であろうが，経済システムのばあい対外的な貿易制限や資本取引規制は今でも見られる。1990年代末のアジア通貨危機のさいマレーシアが各種資本取引規制を導入して国際資本市場から自国経済を隔離したのは一例であるが，ほかにもたとえば国内で需要の増した食糧や鉱物資源を輸出停止とするなど近時例には事欠かない。こうした措置が国際的摩擦や経済の疲弊と背中合わせであることは言うまでもない。

　もうひとつの策は，イリテーションの選別を「世論」に委ねるというやり方で，たとえば，環境を守れ，人権を尊重せよ，格差をなくせ，教育を改革せよ，といった世間のかけ声（いったい誰の声か？）に反応して，問題の本質を深く問うことなく経済的「解決」をこころみる（たとえば教育バウチャー［voucher］の導入によって教育の質を高めようとする）ばあいがそれにあたる。個々のイリテーションの重要性(レレヴァンツ)をみずから真摯に評価する手間を省き，世論を評価・選別のいわば代用基準とすることでイリテーション処理能力を量的に高めるのである。これによって世論との軋轢も回避できるので，一石二鳥のうまいやり方のように見えるが，世論に迎合した省力化(サボタージュ)のツケがいずれ回ってこないともかぎらない。

　二つの策はいずれも，イリテーションの処理・選別にまともに取り組むのではなく，むしろ直面する事態から目をそらそうとす

るものである。ルーマンはこうしたやり方をイリテーションの「ゆがんだテーマ化」（[41] S.801.「テーマ化」は「情報化」と読み替えうる）と呼んでネガティヴに評価するが，とにかくそういう手でも使わなければシステムが機能不全に陥ってしまうほど，今日の社会はイリテーションであふれかえっている，というのが彼の観察結果である。

　出来事の洪水からなんとか抜け出して階梯図の最後の局面「システム固有情報への翻訳」にたどり着いた。残っているのは経済システムの作動や構造に影響を及ぼすべく価格関連情報への翻訳を待っている情報化したイリテーションである。先に (5-3-2 項) 翻訳の実例として環境税や排出権取引をあげたが，その翻訳はけっして経済システムが独力でなしとげたのではなく，所有権等にかんする法整備，制度・組織創設など，他の機能システムとりわけ法システムのバックアップがあってはじめて可能となったものである。この点をとっただけでも，翻訳作業が楽でないことはうかがえよう。ただ，他のシステムとのかかわり（ルーマンの用語では「相互イリテーション」あるいは前章でとりあげた「構造的連結」）について論じ出すときがないので，ここでは翻訳過程にも少なからぬ困難がつきまとうと指摘するにとどめたい（ちなみに，わが国での排出権取引は 2008 年現在，各企業に温暖化ガス排出量の上限を割り当てる段階で行き詰まっている）。

5-4-2　価格情報の「保証人」としての信頼
―その滅失・不在―

　翻訳過程の困難とは別に，そもそも価格・価格変動・需給量といったきわめて単純な言語に翻訳すること自体に問題があり，最

近その問題が顕在化する例が多いようである。すでに 5-2 節でもふれたが，価格関連情報への翻訳は必然的に情報喪失ないし情報放棄をともなう。「価格に指向したシステム〔＝経済システム〕はほとんど記憶なしで作動しうる（またせねばならぬ）」（[37] 訳 6 頁：〔 〕内および傍点は引用者の付加）のであり，これによって経済システムの作動＝取引が円滑に進むことは間違いない。しかしメリットの反面には往々にしてデメリットが隠れているものである。

　いま店頭に格安の商品が並んでいるとしよう。さまざまな条件や事情が重なって安い値段になっているはずである。だが，値札にそれらのいきさつは書かれていない。消費者のほうもなぜそんなに安いのか問いつめはせず，むしろ先を争って買う。生産者と消費者が同じ地域に住んでいるのなら（地産地消），値札に書いてなくともある程度事情は分かるが，今日では生産者と消費者の距離は経済のグローバル化と流通構造の多重化・複雑化がからみあって拡大し続けている。この背後に「コスト削減」や「競争優位」を求める圧力があることは言うまでもない。値段のいわれを知ることはますますむずかしくなっており，そこから問題が吹き出してくる。記憶に新しい中国産冷凍ギョーザの事件は，遠距離化・複雑化した生産と流通にひそむ大きなリスクを明るみに出すものであった。問題は消費財だけでなく生産財や労働力にまで及んでいる。ギョーザ事件と同じころ，社会保険庁で年金記録入力ミスが見つかり，日本語能力に欠ける派遣労働者（外国人）が人名入力作業をしていたためと報じられた。ひたすら安い労働力を追い求める結果，雇用の遠距離化（海外現地生産）や多重化・複雑化（アウトソーシング，派遣・契約社員，外国人労働者など）

が進み，労働力の質の見きわめは・費・用・が・か・さ・む・ゆ・えおろそかにされるのである。

　ではどう対処すればよいのか。水を差すようだが，筆者は価格情報だけでなく質的情報（たとえば，原産地表示や生産履歴開示）をもっとふやせという主張には与しえない。本章の議論からも示唆されるように，この主張は経済システムの・退・行（＝歴史の・後・戻・り）を事態の改善と見誤っている。出来事やイリテーションや情報があふれかえる現代社会で，情報を価格にまで縮減しきって粛々と作動する経済システムは，機能システムの優等生である。他の機能システム，たとえば政治システムや教育システムはここまで見事な情報縮減には成功しておらず，その作動も（政治家の口癖とは裏腹に）粛々というにはほど遠い。問題はあるにせよ優等生の能力は生かすべきであろう。そのためには，優等生が問題を起こすに至った原因を取り除く必要がある。幸い，ルーマンの炯眼のおかげで主要原因はすでに見えている。第1章（1-4-2項）でふれた「システム信頼」の滅失あるいは不在がそれである。

　分かりやすい例をあげて説明しよう。昨今，加工食品のラベルにはじつにこまごまと原材料や添加物・栄養成分などが表示されている。だがラベルの隅から隅まで目を通す人は，ましてや添加物の名称を見てその性質を知る者は，いったい何人いるのだろうか。個々の消費者にとってはラベルの情報だけでも，もう処理しきれないのである。情報をふやせば問題が解決するのではけっしてないことは，この段階で早くも明らかである。必要なのはさまざまなレベルでの「システム信頼」の構築ないし回復である。加工食品であればメーカーや販売者への信頼や，食品の安全性にか

かわる法律や制度への信頼である。一般に「老舗」の売る品物は詳細表示ラベルがなくとも安心して買える（買えた）。それは老舗への信頼がラベルの情報の埋め合わせとなっている（なっていた）からである。「信頼とは，〔すでに与えられている量を〕超過して引き出された情報なのである」(Luhmann [31] 訳 57 頁)。消費者は中国の食品工場の詳細情報を欲しているわけではない。メーカーや販売者が製造現場から店頭までの詳細を把握し，十分な管理をおこなって問題のない製品を供給してくれている（はずだ）と信じられればよいのである。この信頼がいわば保証人となることで，経済システムは高度に縮減された価格情報だけで円滑に作動しうるのである。とはいえ，「信頼はたやすく不信にかわるが，不信はそう簡単には信頼にかわらない」([31] 訳 167 頁)から，第 1 章末尾でもふれたように，あちこちで信頼が毀損されている現状では，システム信頼の回復にはかなりの時間を要しそうである。それまでは処理しきれない情報とおのおののやり方でつき合っていくしかないのだろう。

5-4-3　価格情報の自己準拠化

　経済システムの情報処理にまつわる困難を階梯をたどって見てきた。最後に上の階梯図にはまだ記されていない大きな問題にふれておかねばならない。それは階梯図の終点に位置する価格情報の変質という問題である。

　話を分かりやすくするために住宅の価格をとりあげよう。住宅を買う理由がもっぱらその家にいま実際に住むためというのであれば，つまり住宅需要がすべて「実需」であれば，住宅の供給者はマーケット・リサーチをおこなって，どこにどんな家をどれだ

け建てていくらで売ればよいかをある程度正確に知ることができるであろう。住宅価格は実需に根ざしたもの，実需をゆがみなく反映したもの，として決まる。そのかぎりで，価格は取引を円滑にする立役者といってよい。ところが，いつの間にか事情が大きく変わってきた。みずから住むのでなく他人に貸して家賃収入を得るためにマンションを買う，さらに一段加わって賃貸物件を取得するファンドに投資する（不動産投資信託 REIT），もっと手っ取り早くかつての土地転がしのように転売目的で購入する等々，「住宅需要」の中味が混沌としてきた。住宅価格はいったい何を映し出しているのであろうか。

　まず見やすいのは転売目的のケースである。購入者は将来の住宅価格上昇を期待して買うわけだから，これは「住宅価格の予想にもとづいて生まれる需要」である。住宅価格は住宅需要に左右されるが，その需要の一部が住宅価格の予想にもとづいて生まれるのであれば，価格の予想が価格を決めるという自己準拠的（セルフレファレンシアル）プロセスが組み込まれたことになる。次に賃貸目的で住宅を買うケースを見てみる。購入者が住宅価格と照らし合わせるのは，みずからにとってのその家の住み心地ではなく，期待される家賃収入である。住宅価格（＝投下資金）と家賃収入から算出される収益率がこの種の需要を決めるのである。多くのばあい賃貸業務を実際におこなうのは買い主（＝所有者）自身ではなく委託された専門業者であるから，家賃収入は買い主にとって与件であり，収益率（したがって需要）を左右するのはもっぱら投下資金（＝住宅価格）ということになる。ここでもまた，実需から離れて住宅価格のみが住宅需要を決め，その需要が住宅価格を決めるという自己準拠過程が顔をのぞかせる。そしてこの実需からの切り

離しを見事なまでにやってのけたのが REIT (Real Estate Investment Trust) である。もはや具体的な物件は姿を消し，投資家はさまざまな物件をミックスし価額を小分けにした持分権を購入するだけである。この工夫（＝証券化）によって投資がしやすくなり住宅需要全体に占める投機的需要の割合が高まるとともに，住宅価格は実需からますます遊離し自己準拠性をより強く帯びることとなる。

住宅価格にかんしていま述べたことを一般的に表現すれば，現代市場経済では価格情報が（経済システムの）環境からのイリテーションに依拠する度合い（＝他者準拠性）を次第に弱め，代わってみずからの手でみずから（＝価格情報）を生み出す傾向（＝自己準拠性）を強めている，ということである。前項で経済のグローバル化と流通構造の多重化・複雑化がひき起こす問題にふれたが，似たような状況をふたたび指摘できるであろう。具体的には金融のグローバル化と金融商品の多層化・複雑化が，価格と需給にかんする情報を実体経済（＝経済システムの環境）からますます引き離し，それら情報の根拠をますます薄弱にさせているのである（アラブの投資家が札幌の賃貸住宅事情やニセコ・リゾートの近況を知っているなどと誰が想像できようか？）。根拠薄弱な情報にもとづいて作動するシステムが些細なきっかけ（たとえば大臣の失言や女生徒のおしゃべり）で激しく変動し，ばあいによっては崩壊の危機に瀕するおそれのあることは言うまでもない。本章のシステム論的視点からも，現代市場経済はそうした激変や崩壊の可能性を高める方向に進化しつつあるという観察結果が得られるのである（筆者は［19］第9章で，同じ進化の方向をよりマクロ的・長期的な脈絡において指摘している。なお，本

項で価格情報の自己準拠化と呼んだ事態は，前章での表現を使うと「市場観察の純粋自己準拠化」にほかならないことに注意しよう。市場の観察は価格を手がかりとしておこなわざるをえないからである。→4-3-3 項および第 4 章注 4 参照)。

あとがき

　ルーマンと学問的交流のあった人びとが各自の思い出を綴った本の中に，南米チリ出身の元留学生の回想がある。フライブルグでの語学研修を終え留学生たちがそれぞれの目的地へと散っていくなかで，彼は不安と緊張を胸にビーレフェルトのルーマンの研究室をはじめて訪れる。聞くところによると，受け入れ先の教授に鼻であしらわれたような留学生仲間もいるという。初対面の不安と緊張は察するに余りある。ところがルーマンとの面会は予想だにしない展開を見せる。たどたどしいドイツ語を意に介するでもなく聞いていたルーマンは，住居はもう決めたのかと尋ねる。まだだと答えて国際交流課でメモしてきた候補物件の電話番号を示すと，彼はその場で相手方に電話を入れ，これから一緒に見に行こうという。驚く間もなく当該住居に着くと，不慣れなチリ人学生に代わってルーマンが家主と交渉し，はやばやと話をつけてしまう。しかも，ルーマン教授の紹介ならと保証金なしで入居OKとなったのである。

　このチリ人学生より約十年のちに筆者はルーマンのもとで留学生活を送ることになるのだが，極東の一介の研究者に対する彼の支援は，考えられないほど手厚いものであった。文学的センスを持ち合わせていれば，ここに表われたルーマンのシンパシーとデリカシー，誰もが口にする彼のBescheidenheit，彼のユーモア，アイロニーそして孤独を活写できたであろう。残念ながら，いや

幸いにというべきか，筆者には堅苦しい論文の中にルーマンの影らしきもの，それも主としてアイロニーを忍び込ませるのがやっとである。この小冊子をまとめ終わったいま，ルーマンの声と姿がひときわ鮮明によみがえってくる。それは，基調講演をすませた会場の片隅に話し相手もなくポツンと座っている当の講演者の姿であり，パーティー会場で孤立していたわれわれ夫婦に宿舎まで送っていこうと心優しくかけてくれた声である。

　本書の第1章から第4章までは，順に関西大学『経済論集』第56巻第1号（2006年），第55巻第3号（2005年），第55巻第1号（2005年），第49巻第3号（1999年）に掲載された拙稿を手直ししたものである。このうち第2章では第5節（2-5）が追加され，第3章では第4節第3項（3-4-3「ルーマンの3次元図式」）以下に大幅な修正が加えられている。学内の紀要に載せた論文を集めて一書にするという手法には賛否があろうが，筆者のように学問のへりで細々と仕事をしている文字どおりマージナルな研究者にとっては，なくては困る貴重な手法である。就職から退職まで30年余りお世話になった関西大学経済学会に遅ればせながら感謝するしだいである。

　刊行にあたっては，五たび前野隆氏の手をわずらわすことになった。最後まで市場になじまぬ原稿を持ち込む筆者に，これまた心優しくつき合ってくださった前野氏と文眞堂スタッフの皆様に厚くお礼申しあげます。

　2008年5月

春　日　淳　一

参考文献

[1] 赤堀三郎「構造的カップリングとセカンド・オーダーの観察」『ソシオロゴス』No.21, 1997年。
[2] 馬場靖雄『ルーマンの社会理論』勁草書房, 2001年。
[3] Bales, Robert F., *Interaction Process Analysis*, University of Chicago Press, 1950.
[4] Baraldi, C., G. Corsi und E. Esposito, *GLU Glossar zu Niklas Luhmanns Theorie sozialer Systeme*, Suhrkamp, 1997.
[5] Bateson, G., *Steps to an Ecology of Mind*, Harper & Row, 1972（佐藤良明他訳『精神の生態学』[上][下], 思索社, 1986-87年).
[6] Berghaus, M., *Luhmann leicht gemacht: Eine Einführung in die Systemtheorie*, Böhlau, 2003.
[7] Bergson, Henri, *Les Deux Sources de la Morale et de la Religion*, Presses Universitaires de France, 1932（中村雄二郎訳『道徳と宗教の二源泉』（ベルグソン全集6）白水社, 1965年).
[8] 土居健郎『「甘え」の構造』弘文堂, 1971年。
[9] ──『続「甘え」の構造』弘文堂, 2001年。
[10] Habermas, J. und N. Luhmann, *Theorie der Gesellschaft oder Sozialtechnologie*, Suhrkamp, 1971（佐藤嘉一他訳『批判理論と社会システム理論』上・下, 木鐸社, 1984, 87年).
[11] 浜口恵俊『間人主義の社会 日本』東洋経済新報社, 1982年。
[12] 林　敏彦『需要と供給の世界』[改訂版] 日本評論社, 1989年。
[13] ヘロドトス (Herodotos)『歴史』(Historiae) [松平千秋訳・3分冊] 岩波文庫, 1971-72年。
[14] Hirschman, A. O., *Shifting Involvements: Private Interest and Public Action*, Princeton University Press, 1982（佐々木毅・杉田 敦訳『失望と参画の現象学』法政大学出版局, 1988年).
[15] 春日淳一『家族の経済社会学』文眞堂, 1984年。
[16] ──「社会システム論から見た貨幣」佐藤康邦・中岡成文・中野敏男編『システムと共同性』（叢書エチカ4）昭和堂, 1994年。
[17] ──『経済システム：ルーマン理論から見た経済』文眞堂, 1996年。
[18] ── "Niklas Luhmann aus der Sicht eines japanischen Wirtschafts-

wissenschaftlers" in: T. M. Bardmann und D. Baecker (Hrsg.), *Gibt es eigentlich den Berliner Zoo noch?: Erinnerungen an Niklas Luhmann*, Universitätsverlag Konstanz, 1999.

[19] ――『貨幣論のルーマン』勁草書房,2003年。

[20] ――「イリテーション (Irritation) について」関西大学『経済論集』第56巻第4号,2007年。

[21] 河本英夫「オートポイエーシス・システム」新田・丸山他編『生命とシステムの思想』岩波書店,1994年。

[22] Keynes, J. M., *The General Theory of Employment, Interest and Money*, 1973 (1st edition 1936), *The Collected Writings of John Maynard Keynes*, Vol.VII (塩野谷祐一訳『雇用・利子および貨幣の一般理論』(ケインズ全集7) 東洋経済新報社,1983年).

[23] 小松丈晃「ダブル・コンティンジェンシーの論理」『社会学研究』第63号,1996年。

[24] Krause, D., *Luhmann-Lexikon*, Ferdinand Enke, 1996 (4. Aufl. Lucius & Lucius, 2005).

[25] 栗本慎一郎『経済人類学』東洋経済新報社,1979年。

[26] レヴィ=ストロース (Lévi-Strauss, C.)「料理の三角形」L'arc誌レヴィ=ストロース特集所収,1966 (伊藤 晃他訳『レヴィ=ストロースの世界』みすず書房,1968年)。

[27] Luhmann, N., "Reflexive Mechanismen", in: *Soziologische Aufklärung* Bd.1, Westdeutscher Verlag, 1970 (初出1966年) (土方 昭監訳『社会システムのメタ理論』新泉社,1984年所収).

[28] ――, "Soziologie als Theorie sozialer Systeme", in: *Soziologische Aufklärung* Bd.1, Westdeutscher Verlag, 1970 (初出1967年) (土方 昭監訳『法と社会システム』〔改訳版〕新泉社,1988年所収).

[29] ――, "Wirtschaft als soziales System", in: *Soziologische Aufklärung* Bd.1, Westdeutscher Verlag, 1970 (土方 昭監訳『社会システムのメタ理論』新泉社,1984年所収).

[30] ――, *Rechtssoziologie*, Rowohlt, 1972 (村上淳一・六本佳平訳『法社会学』岩波書店,1977年).

[31] ――, *Vertrauen: Ein Mechanismus der Reduktion sozialer Komplexität*, 2. Auflage, Ferdinand Enke, 1973 (1. Aufl. 1968) (大庭 健・正村俊之訳『信頼―社会的な複雑性の縮減メカニズム』勁草書房,1990年).

[32] ――, *Soziologische Aufklärung*, Bd.2, Westdeutscher Verlag, 1975.

[33] ――, *Liebe als Passion−Zur Codierung von Intimität*, Suhrkamp, 1982 (佐藤 勉・村中知子訳『情熱としての愛―親密さのコード化』木鐸社,2005年).

[34] ——, *Legitimation durch Verfahren*, Suhrkamp, 1983 (1. Aufl. 1969) (今井弘道訳『手続を通しての正統化』風行社, 1990 年).
[35] ——, *Soziale Systeme: Grundriß einer allgemeinen Theorie*, Suhrkamp, 1984 (佐藤　勉監訳『社会システム理論』上・下, 恒星社厚生閣, 1993, 95 年).〔英訳版〕*Social Systems* (translated by J. Bednarz with D. Baecker), Stanford University Press, 1995.
[36] ——, *Ökologische Kommunikation*, Westdeutscher Verlag, 1986 (土方昭訳『エコロジーの社会理論』新泉社, 1987 年).
[37] ——, *Die Wirtschaft der Gesellschaft*, Suhrkamp, 1988 (春日淳一訳『社会の経済』文眞堂, 1991 年).
[38] ——, *Das Recht der Gesellschaft*, Suhrkamp, 1993 (馬場靖雄・上村隆広・江口厚仁訳『社会の法』1・2 法政大学出版局, 2003 年).
[39] ——, "Sinn der Kunst und Sinn des Marktes − zwei autonome Systeme", in: F. Müller und M. Müller (Hrsg.), *Markt und Sinn: Dominiert der Markt unsere Werte?*, Campus Verlag, 1996.
[40] ——, *Die Realität der Massenmedien*, 2., erweiterte Auflage, Westdeutscher Verlag, 1996 (林　香里訳『マスメディアのリアリティ』木鐸社, 2005 年).
[41] ——, *Die Gesellschaft der Gesellschaft*, Suhrkamp, 1997.
[42] ——, *Einführung in die Systemtheorie*, Carl-Auer, 2002.
[43] 升味準之輔『現代政治―一九五五年以後』上, 東京大学出版会, 1985 年。
[44] 松原隆一郎『失われた景観：戦後日本が築いたもの』PHP 新書, 2002 年。
[45] Maturana, H. R. and F. J. Varela, *Autopoiesis and Cognition: The Realization of the Living*, D. Reidel, 1980 (河本英夫訳『オートポイエーシス―生命システムとはなにか』国文社, 1991 年).
[46] Maturana, H. R. and F. J. Varela, *El Árbol del Conocimiento*, 1984 (管啓次郎訳『知恵の樹』朝日出版社, 1987 年).
[47] Münch, R., *Theorie des Handelns: Zur Rekonstruktion der Beiträge von Talcott Parsons, Emile Durkheim und Max Weber*, Suhrkamp, 1982.
[48] 村中知子『ルーマン理論の可能性』恒星社厚生閣, 1996 年。
[49] 中根千枝『タテ社会の人間関係単一社会の理論』講談社現代新書, 1967 年。
[50] 西部　邁「メディア論ノート」『経済評論』第 25 巻第 7 号, 1976 年。
[51] ——『大衆への反逆』文藝春秋社 1983 年。
[52] Parsons, T., *The Structure of Social Action*, McGraw-Hill, 1937 (稲上毅他訳『社会的行為の構造』〔5 分冊〕木鐸社, 1974-89 年).
[53] ——, *The Social System*, Free Press, 1951 (佐藤　勉訳『社会体系論』青木書店, 1974 年).

[54] ——, *Social Systems and the Evolution of Action Theory*, Free Press, 1977（田野崎昭夫監訳『社会体系と行為理論の展開』誠信書房, 1992 年）.
[55] ——（倉田和四生編訳）『社会システムの構造と変化』創文社, 1984 年。
[56] Parsons, T., R. F. Bales and E. A. Shils, *Working Papers in the Theory of Action*, Free Press, 1953.
[57] Parsons, T. and N. J. Smelser, *Economy and Society*, Routledge & Kegan Paul, 1956（富永健一訳『経済と社会』Ⅰ, Ⅱ岩波書店, 1958-59 年）.
[58] Parsons, T. and G. M. Platt, *The American University*, Harvard University Press, 1973.
[59] 佐伯啓思『アダム・スミスの誤算』PHP 新書, 1999 年。
[60] 佐藤　光『ポラニーとベルグソン―世紀末の社会哲学―』ミネルヴァ書房, 1994 年。
[61] Siebel, W., *Einführung in die systematische Soziologie*, C. H. Beck, 1974.
[62] Smith, A., *An Inquiry into the Nature and Causes of the Wealth of Nations*, 1776（大内兵衛・松川七郎訳『諸国民の富』〔5 分冊〕岩波文庫, 1959-66 年）.
[63] 髙城和義『パーソンズの理論体系』日本評論社, 1986 年。
[64] 高橋　徹「構造的カップリングの問題性」佐藤　勉編『コミュニケーションと社会システム―パーソンズ・ハーバーマス・ルーマン―』恒星社厚生閣, 1997 年。
[65] ――「機能システムのインターフェース, あるいは自律する周辺―ルーマン, ヴィルケ, フッターにおける機能システムの《間》の問題―」『社会学研究』第 83 号, 2008 年。
[66] 竹内靖雄『市場の経済思想』創文社, 1991 年。

索 引

(「…f.」は「…および次ページ」を表わす)

ア行

赤堀三郎　91, 96, 99
イリテーション (刺激)　iii, 19, 22f., 92-99, 105-114, 117
ヴァレラ (Varela, F.J.)　91, 99
AGIL 図式　iii, 44-46, 56, 60f.
エスポジト (Esposito, E.)　104
オートポイエシス　2-5, 7, 76, 81, 85, 91, 97f., 101
オートポイエティック・システム　2f., 75, 79, 84f., 92, 97, 100

カ行

価格　iii, 8-14, 79, 85-89, 94, 98, 102f., 107-118
貨幣　3-5, 8-10, 13, 20f., 61, 79-83, 101
棄却値 (Rejektionswert)　71-75
機能的サブシステム (機能システム)　iii, 3f., 75, 88f., 91-100, 106-112, 114
ギュンター (Günther, G.)　71, 74
金融　81f., 117
経済システム　iii, 4f., 19, 75, 77, 79-90, 93-96, 98-103, 105-108, 110-115, 117
ケインズ (Keynes, J.M.)　82, 88, 90
言語　3f., 93, 95, 99
構造的連結　iii, 75, 90-99, 112
小松丈晃　39f.
コミュニケーション　iii, 1-5, 27, 31-33, 37f., 41-43, 59f., 66-69, 73, 75-77, 80, 91, 95, 99-102, 104f.

コミュニケーション・メディア　3f., 20, 60f., 95, 99-101
コンティンジェンシー　ii, 17f., 29-33, 36-43
　　ダブル・――　ii, 18, 24-43, 68f.

サ行

再帰 (Reflexion)　76-78, 83-87, 90
再帰性 (Reflexivität) → 過程的自己準拠
佐伯啓思　99
佐藤 光　53
刺激 → イリテーション
自己観察　77f., 83-90, 98
自己準拠　iii, 34f., 41, 43, 75-90, 98f., 115-118
　　過程的――(再帰性)　76f., 80-87, 98
　　基底的――　76f., 79-87, 89
　　純粋――　78f., 83, 86f., 89f., 98f., 118
事象・時間・社会の 3 次元　23, 66-70, 73f.
「システム／環境」差異　61f., 67-69, 71, 75, 86, 88f., 100f.
システム信頼　19-21, 114f.
支払い　4f., 10, 20f., 77, 79-88, 94-96, 98, 101f., 107f.
ジーベル (Siebel, W.)　45
社会システム　ii f., 1-3, 7f., 11, 18-20, 24, 28, 33, 35-43, 55-60, 69f., 73, 75-79, 83f., 92, 98f., 100

情報 iii, 22f., 31, 60, 67-69, 75, 99-118
シルズ (Shils, E.A.) 45
スミス (Smith, A.) 25-27, 88, 98f.
スメルサー (Smelser, N.J.) 44
正統化 7f., 13-17
選言 (disjunktion) 71
全体社会 (Gesellschaft) 2-4, 59f., 88f., 99, 100
相互行為（相互作用） ii, 2, 24, 27f., 39f., 55f., 58
相互浸透 91, 93, 99

タ行

高城和義 45
高橋 徹 99
他者準拠 78f., 82-91, 99, 117
ダブル・コンティンジェンシー
　→ コンティンジェンシー
超言 (transjunktion) 71
沈黙交易 27, 42
伝達 60, 67-69, 75, 104
テンニース (Tönnies, F.) 52, 54
土居健郎 48-51

ナ行

中根千枝 48f., 51
西部 邁 44, 62

ハ行

排出権取引 94, 107, 112

パーソンズ (Parsons, T.) ii f., 24, 26-28, 33, 44-46, 54-62, 73f.
パターン変数 44, 54, 56-58
馬場靖雄 28, 34
浜口恵俊 48, 51f.
反省理論 87-90, 99
不確実性 (Ungewißheit) 7-12, 14-19
複雑性 17-21, 61f., 65-67, 77, 92, 103, 108
ブラック・ボックス 33-35, 41-43
プロテスト 7-13, 15-18
ベイトソン (Bateson, G.) 102, 104-107
ベイルズ (Bales, R.F.) 45, 56
ベネディクト (Benedict, R.) 51, 53
ベルグソン (Bergson, H.) 52f.
ヘロドトス 27, 42
法システム 4, 94, 96, 110, 112

マ行

マトゥラーナ (Maturana, H.R.) 91, 99
ミュンヒ (Münch, R.) 45
村中知子 34, 76, 91, 98
メディア → コミュニケーション・メディア

ラ行

理解 60, 67-69, 75, 104
レヴィ＝ストロース (Lévi-Strauss, C.) 52, 64, 70

著者紹介

春日淳一（かすが・じゅんいち）
  1943 年　名古屋市に生まれる
  1967 年　名古屋大学経済学部卒業
  1974－2007 年　関西大学に勤務（経済学部）
  退職後，現在は札幌市在住
  著書　『家族の経済社会学』（文眞堂，1984 年）
  　　　『経済システム―ルーマン理論から見た経済―』
  　　　　　　　　　　　　　　　　（文眞堂，1996 年）
  　　　『貨幣論のルーマン〈社会の経済〉講義』
  　　　　　　　　　　　　　　　　（勁草書房，2003 年）
  訳書　N. ルーマン『社会の経済』（文眞堂，1991 年）

ルーマン理論に魅せられて

2008 年 9 月 10 日　第 1 版第 1 刷発行　　　　　　　　検印省略

著　者　春　日　淳　一
発行者　前　野　　　弘

発行所　株式会社　文　眞　堂
東京都新宿区早稲田鶴巻町 533
電話 0 3（3 2 0 2）8 4 8 0
FAX 0 3（3 2 0 3）2 6 3 8
http://www.bunshin-do.co.jp
郵便番号 162-0041　振替 00120-2-96437

印刷・モリモト印刷　製本・イマキ製本所
Ⓒ 2008
定価はカバー裏に表示してあります
ISBN978-4-8309-4625-7　C3036

●ルーマンを読む

N. ルーマン著／春日淳一訳　　　　　　　定価 5,145 円（税込）

社会の経済

　　N. ルーマンの『社会の…』シリーズの第一弾。オートポイエシス，コミュニケーションとメディア，機能的分化，自己準拠，自己観察等々，ルーマン理論の基礎概念を経済に即して説明する本書によって，ルーマンの社会システム論への理解が深まるとともに，この独創的な理論に照射されて現代市場経済の新たなイメージが浮かび上がる。

春日淳一著　　　　　　　　　　　　　　　定価 2,243 円（税込）

経済システム

——ルーマン理論から見た経済——　第 1 部では，壮大な「社会の理論」を築きあげたことで知られるニクラス・ルーマンの経済システム論を，経済の中心概念である貨幣・価格・市場に焦点を合わせて解説する。第 2 部では，大胆な視角の転換を通じてルーマンが提示した新しい経済像のもとで，経済と言語，経済と時間，経済と道徳の三テーマを論じる。